TRADUÇÃO E ADAPTAÇÃO
Beto Junqueyra

VERSÃO EM ESPANHOL
Lourdes Ballesteros

ILUSTRAÇÕES
Danilo Tanaka

A VOLTA AO MUNDO EM 80 DIAS
LA VUELTA AL MUNDO EN 80 DÍAS

JULES VERNE

PORTUGUÊS/ESPAÑOL
LÍNGUAS ESTRANGEIRAS

ESTRELA Cultural
FAZENDO HISTÓRIA

GRUPO ESTRELA
PRESIDENTE Carlos Tilkian
DIRETOR DE MARKETING Aires Fernandes
DIRETOR DE OPERAÇÕES José Gomes

EDITORA ESTRELA CULTURAL
PUBLISHER Beto Junqueyra
EDITORIAL Célia Hirsch
ASSISTENTE EDITORIAL Ana Luíza Bassanetto
ILUSTRAÇÕES Danilo Tanaka
PROJETO ARTÍSTICO Ana Luíza Bassanetto
REVISÃO TÉCNICA Felipe Guimarães
REVISÃO DE TEXTO Mariane Genaro,
Luiz Gustavo Micheletti Bazana e Ángel Sánchez Máiquez
VERSÃO ESPANHOLA Lourdes Ballesteros

Dados Internacionais de Catalogação na Publicação (CIP)
(Câmara Brasileira do Livro, SP, Brasil)

Junqueyra, Beto
A volta ao mundo em 80 dias = La vuelta al mundo en 80 días / Jules Verne ; adaptação Beto Junqueyra ; ilustrações Danilo Tanaka ; tradutora Lourdes Ballesteros. — Itapira, SP : Estrela Cultural, 2019.

Edição bilíngue: português/espanhol.
ISBN 978-85-45559-73-3

1. Literatura infantojuvenil I. Verne, Jules, 1828-1905. II. Tanaka, Danilo. III. Título. IV. Título: La vuelta al mundo en 80 días .

19-28687 CDD-028.5

Índices para catálogo sistemático:

1. Literatura infantojuvenil 028.5
2. Literatura juvenil 028.5

Maria Alice Ferreira - Bibliotecária - CRB-8/7964

1ª edição - Itapira, SP - 2019 - IMPRESSO NO BRASIL

Cultural

Rua Roupen Tilkian, 375
Bairro Barão Ataliba Nogueira
13986-000 - Itapira - SP
CNPJ: 29.341.467/0001-87
estrelacultural.com.br
estrelacultural@estrela.com.br

Apresentação

A volta ao mundo em 80 dias é um romance de aventura escrito pelo francês Jules Verne em 1873. A obra retrata os avanços tecnológicos daqueles tempos. Afinal, até a segunda metade do século XIX atravessar o mundo era algo muito difícil quando comparado aos dias de hoje. Realizá-lo seria no mínimo uma façanha que levaria um prazo imprevisível, talvez muitos meses. No entanto, com o surgimento de possantes barcos a vapor e a criação e expansão de linhas férreas que cruzavam territórios como o da Índia e o dos Estados Unidos, isso se tornou possível. Ainda assim, alguém dizer que poderia fazer essa proeza em oitenta dias, superando todos os tipos de desafio, parecia uma ideia de maluco. Um inglês excêntrico, de nome Phileas Fogg (leia-se "fileas", nome de origem grega) é desafiado pelos seus colegas de um clube de Londres e embarca rumo a uma aventura carregada de suspense. É acompanhado pelo trapalhão Passepartout (leia-se Passpartu, nome francês), o que torna o enredo ainda mais divertido. Na adaptação do escritor Beto Junqueyra, com ilustrações de Danilo Tanaka, o jovem leitor sentirá em cada página essa luta contra o tempo e o espaço, passando por culturas diferentes em vários pontos do mundo.

Introducción

La vuelta al mundo en 80 días es una novela de aventuras escrita por Jules Verne en 1873. La obra retrata los avances tecnológicos de aquellos tiempos. En realidad, hasta la segunda mitad del siglo XIX, recorrer el mundo era algo muy difícil en comparación con los días de hoy. Hacerlo sería, como mínimo una hazaña que tendría un plazo imprevisible, tal vez de muchos meses. Sin embargo, con la aparición de potentes barcos a vapor y la creación y expansión de líneas ferroviarias que atravesaban territorios como la India y los Estados Unidos, esto se hizo posible. Aun así, si alguien decía que podría realizar esta proeza en ochenta días, superando todo tipo de desafíos, habría parecido una idea de locos. Un excéntrico inglés, llamado Phileas Fogg (pronunciado "fileas", nombre de origen griego), retado por sus colegas de un club de Londres, se embarca en una aventura llena de suspense. Está acompañado por el torpe Passepartout (pronunciado Passpartú, nombre francés), lo que hace que la trama sea aún más divertida. En la adaptación del escritor Beto Junqueyra, con ilustraciones de Danilo Tanaka, el joven lector sentirá en cada página esta lucha contra el tiempo y el espacio y descubrirá culturas diferentes de varias partes del mundo.

Phileas Fogg, um homem de poucas palavras e muitos mistérios

EM 2 DE OUTUBRO DE 1872, na casa número 7 da rua Saville Row, em Londres, morava Phileas Fogg. Homem de poucas palavras, fazia da sua vida uma rotina perfeita. Seus movimentos obedeciam aos ponteiros de um relógio. Tudo deveria ser executado de forma exata. Nem um segundo a mais, nem um segundo a menos. Esse rigor era tão grande que custou caro a um criado ao preparar a loção para fazer a barba de seu patrão. Ele errou a temperatura, aquecendo a água a 29°, em vez de 30°. Só por isso, ou melhor, por tudo isso, ele foi demitido e, naquele mesmo dia, substituído por um jovem francês, chamado Jean Passepartout.

Em meio a tanta precisão, a vida de Phileas Fogg era, todavia, um mistério para todos. Seria um homem rico? Difícil negar. No entanto, como havia feito sua fortuna? Não se podia imaginar. Teria viajado bastante? Provavelmente, pois conhecia os mapas como ninguém. Mas para onde? Impossível afirmar. Havia parentes e amigos? Nunca se tivera notícia. Era sócio do Reform Club. E isso era tudo.

Como todos os dias, Phileas Fogg deixou sua casa quando os ponteiros do Big Ben marcavam precisamente 11h30. Após seguir o mesmo caminho, pisando quinhentas e setenta e cinco vezes com o pé direito e quinhentas e setenta e seis vezes com o pé esquerdo, rigorosamente à frente do direito, o misterioso cavalheiro chegou ao Reform Club.

Phileas Fogg, un hombre de pocas palabras y muchos misterios

EL 2 DE OCTUBRE DE 1872, en el número 7 de la calle Saville Row, en Londres, vivía Phileas Fogg. Hombre de pocas palabras, llevaba una vida rutinaria perfecta. Sus movimientos obedecían a las agujas de un reloj. Todo debía ser ejecutado de forma precisa. Ni en un segundo más, ni en un segundo menos. Este rigor era tan grande que le costó caro a un criado. Al preparar la loción para afeitarle la barba a su amo, se equivocó con la temperatura y calentó el agua a 29°, en lugar de 30°. Solo por esta razón o, mejor dicho, por todo esto, fue despedido y, ese mismo día, reemplazado por un joven francés llamado Jean Passepartout.

A pesar de tanta precisión, la vida de Phileas Fogg era un misterio para todos. ¿Sería un hombre rico? Difícil de negar. Sin embargo, ¿cómo había hecho su fortuna? Nadie lo podría adivinar. ¿Habría viajado mucho? Probablemente, porque conocía los mapas como nadie. Pero ¿para dónde? Imposible de señalar. ¿Tendría parientes y amigos? Nunca se tuvo ninguna noticia. Era miembro del Club Reform. Y eso era todo lo que se sabía de él.

Como todos los días, Phileas Fogg salió de su casa cuando las agujas del Big Ben marcaban precisamente las 11:30 h. Después de hacer el mismo camino, pisando quinientas setenta y cinco veces con el pie derecho y quinientas setenta y seis veces con el pie izquierdo, rigurosamente por delante del derecho, el misterioso caballero llegó al Reform Club.

Sua rotina obedeceu ao ritual de sempre: sentado à mesma mesa, pediu o mesmo prato e terminou sua refeição pontualmente às 12h47. Em seguida, dirigiu-se ao grande salão onde leu dois jornais até o jantar. Por fim, no mesmo salão, às 5h40 da tarde, começou a ler o terceiro jornal do dia.

Phileas Fogg parecia estar acorrentado ao seu relógio de bolso. Ou era o tempo que nunca lhe escapava? Um acontecimento inesperado, no entanto, poderia colocar à prova toda a sua vida tão regrada...

Su rutina obedecía al ritual de siempre: sentado en la misma mesa, pidió el mismo plato y terminó su comida puntualmente a las 12:47 h. A continuación, se dirigió al gran salón donde leyó dos periódicos hasta la hora de la cena. Finalmente, en el mismo salón, a las 17:40 h, comenzó a leer el tercer periódico del día.

Phileas Fogg parecía estar encadenado a su reloj de bolsillo. ¿O era el tiempo el que nunca se le escapaba? Sin embargo, un acontecimiento inesperado iba a poner a prueba toda su sistemática vida...

REFORM CLUB

2

Uma conversa que poderá custar muito caro a Phileas Fogg

APÓS A LEITURA DO JORNAL, Phileas Fogg encontrou seus cinco tradicionais colegas de jogo de cartas. Personagens ilustres e poderosos, eles discutiam o assunto mais comentado em todo o país: o incrível roubo de cinquenta e cinco mil libras do Banco da Inglaterra.

— Acho que não vão conseguir prender o ladrão — afirmou o engenheiro Andrew Stuart.

— Ele não poderá escapar! — discordou Gauthier Ralph, um dos administradores do banco, que acrescentou: — Muitos inspetores da polícia já estão no seu encalço.

— Mas o mundo é muito grande! — insistiu Stuart.

— Não é mais — contrariou Phileas Fogg, à meia-voz.

— Como assim? Por acaso a Terra diminuiu de tamanho? — perguntou Stuart.

— Sem dúvida, agora é possível percorrê-la em apenas oitenta dias — respondeu Ralph.

— É verdade, senhores — interrompeu o banqueiro John Sullivan. — Oitenta dias, desde que o trecho da ferrovia entre Rothal e Allahabad, na Índia, foi inaugurado. Vejam os cálculos feitos pelo jornal *Morning Chronicle*:

Una conversación que podría costarle muy caro a Phileas Fogg

DESPUÉS DE LEER EL PERIÓDICO, Phileas Fogg se encontró con sus cinco colegas habituales de juego de cartas. Personas ilustres y poderosas, estaban hablando sobre el asunto más comentado de todo el país: el increíble robo de cincuenta y cinco mil libras del Banco de Inglaterra.

— No creo que consigan detener al ladrón, — afirmó el ingeniero Andrew Stuart.

— ¡No podrá escapar! — discrepó Gauthier Ralph, uno de los administradores del banco y añadió: — Muchos inspectores de policía van tras su pista.

— ¡Pero el mundo es muy grande! — insistió Stuart.

— Ya no lo es — le contradijo Phileas Fogg, a media voz.

— ¿Cómo? ¿Acaso la Tierra disminuyó de tamaño? – preguntó Stuart.

— Sin duda, ahora es posible recorrerla en ochenta días – respondió Ralph.

— Es verdad, señores, — interrumpió el banquero John Sullivan. — Ochenta días desde que se inauguró el tramo del ferrocarril entre Rothal y Allahabad, en la India. Miren los cálculos realizados por el periódico *Morning Chronicle*:

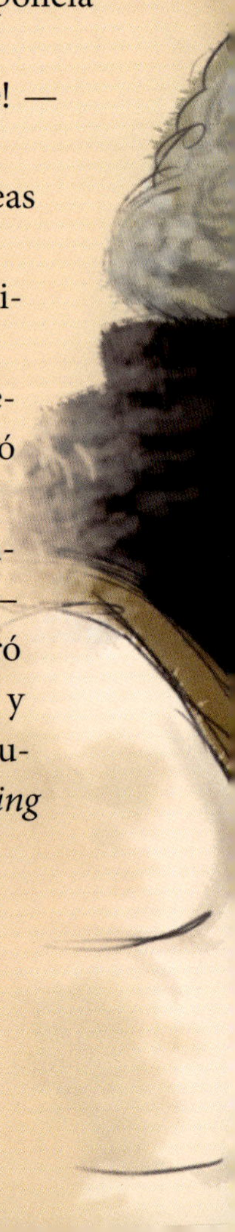

MORNING CHRONICLE

Cálculo para fazer a volta ao mundo em 80 dias

DE LONDRES A SUEZ PELO MONTE CENIS E BRINDISI, Ferrovia e Barcos	7 DIAS
DE SUEZ A BOMBAIM, Barco	13 DIAS
DE BOMBAIM A CALCUTÁ, Ferrovia	3 DIAS
DE CALCUTÁ A HONG KONG, Barco	13 DIAS
DE HONG KONG A YOKOHAMA, Barco	6 DIAS
DE YOKOHAMA A SÃO FRANCISCO, Barco	22 DIAS
DE SÃO FRANCISCO A NOVA IORQUE, Ferrovia	7 DIAS
DE NOVA IORQUE À LONDRES, Barco e Ferrovia	9 DIAS
TOTAL	80 DIAS

— Mas não podemos deixar de considerar o mau tempo, os ventos contrários, os naufrágios e os descarrilamentos de trens — rebateu Stuart.

— Não! Incluindo tudo isso — insistiu Phileas Fogg.

— Na teoria, mister Fogg, o senhor tem razão, mas na prática...

— Na prática também, mister Stuart.

— Aposto quatro mil libras que isso é impossível! — disse Stuart.

— E eu aposto vinte mil libras com os cavalheiros que consigo dar a volta ao mundo em oitenta dias — rebateu Phileas Fogg.

— Isso é uma loucura! — gritou Sullivan.

— Não é. Aceitam a aposta?

— Aceitamos! — responderam os colegas em coro.

— Embarco no trem que parte para Dover hoje, quarta-feira, às 8h45. Deverei estar de volta a este salão no sábado, 21 de dezembro, às 8h45 da noite. Exatamente oitenta dias depois. Nenhum segundo a mais.

Cálculo para dar la vuelta al mundo en 80 días

DE LONDRES A SUEZ PASANDO POR EL MONTE CENIS Y BRINDISI, Tren y Barcos	7 DÍAS
DE SUEZ A BOMBAIM, Barco	13 DÍAS
DE BOMBAIM A CALCUTA, Tren	3 DÍAS
DE CALCUTA A HONG KONG, Barco	13 DÍAS
DE HONG KONG A YOKOHAMA, Barco	6 DÍAS
DE YOKOHAMA A SÃO FRANCISCO, Barco	22 DÍAS
DE SÃO FRANCISCO A NEW YORK, Tren	7 DÍAS
DE NEW YORK A LONDRES, Barco et Tren	9 DÍAS
TOTAL	80 DÍAS

— Pero debemos tener en cuenta el mal tiempo, los vientos contrarios, los naufragios y descarrilamientos de trenes — respondió Stuart.

— ¡No! Teniendo en cuenta todo eso, — insistió Phileas Fogg.

— En teoría, mister Fogg, tiene razón, pero en la práctica...

— En la práctica, también, señor Stuart.

— ¡Apuesto cuatro mil libras a que eso es imposible! — dijo Stuart.

— Y yo apuesto veinte mil libras con los caballeros a que consigo dar la vuelta al mundo en ochenta días, — refutó Phileas Fogg.

— ¡Eso es una locura! — gritó Sullivan.

— No lo es. ¿Aceptan la apuesta?

— ¡Aceptamos! Respondieron los colegas en coro.

— Tomaré el tren que sale para Dover hoy miércoles, a las 20:45 h. Regresaré a este salón el sábado, 21 de diciembre, a las 20:45 h. Exactamente ochenta días después. Ni un segundo más.

Antes de deixar o Reform Club, Phileas Fogg ainda jogou uma partida de cartas. Eram 7h25 da noite. No ritmo de sempre chegou à sua casa às 7h50. Assim que fechou a porta, ordenou a Passepartout:

— Arrume um saco com uma troca de roupas para cada um, que partiremos em dez minutos para uma volta ao mundo.

Passepartout, que mal teve tempo de engolir aquela notícia, tratou de obedecer ao patrão e preparou imediatamente a bagagem. Os dois saíram da residência às 8h e dirigiram-se até o ponto de táxi. O jovem francês carregava apenas uma mala de viagem e uma bolsa, forrada com o dinheiro que mister Fogg usaria para todas as despesas da sua volta ao mundo.

Antes de salir del Reform Club, Phileas Fogg jugó todavía otra partida de cartas. Eran las 19:25 h. Con su ritmo habitual, llegó a su casa a las 19:50 h. Tan pronto cerró la puerta, ordenó a Passepartout:

– Prepare una bolsa con una muda de ropa para cada uno. Salimos en diez minutos a dar la vuelta al mundo.

Passepartout, que apenas tuvo tiempo de digerir la noticia, trató de obedecer a su patrón y preparó inmediatamente el equipaje. Los dos salieron de la residencia a las 20:00 h y se dirigieron a la parada de taxi. El joven francés sólo llevaba una maleta y una bolsa llena de dinero, dinero que mister Fogg usaría para todos los gastos de su vuelta al mundo.

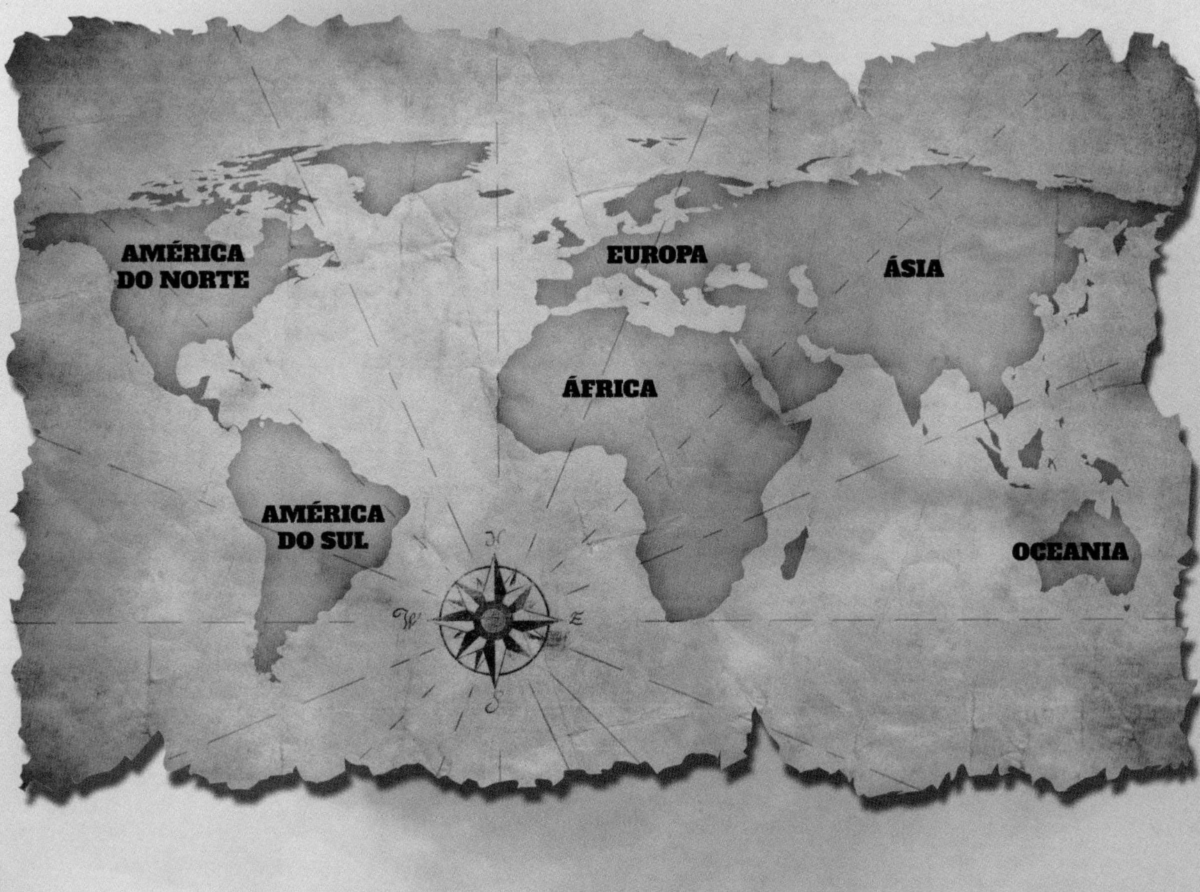

Ao chegar à estação de Charing Cross, a dupla encontrou os cinco colegas do Reform Club, perfilados na plataforma de embarque. Phileas Fogg dirigiu-se a eles e disse:

— Senhores, estou de partida. Todos os carimbos no meu passaporte permitirão, quando retornar, que confirmem meu itinerário.

Andrew Stuart deu um passo adiante e alertou-o:

— Não se esqueça de que o senhor deverá estar de volta...

— Em oitenta dias — emendou mister Fogg, que acrescentou: — Sábado, 21 de dezembro de 1872, às 8h45 da noite no grande salão do Reform Club. Até breve, cavalheiros.

Sem dizer mais uma só palavra, os dois entraram no trem. Sob uma garoa fina, a locomotiva apitou pontualmente às 8h45. As rodas começaram a girar com pressa, tais como os ponteiros do relógio da estação. Phileas Fogg e Passepartout, a bordo do vagão da primeira classe, partiram rumo a Dover, primeiro destino da desafiadora volta ao mundo.

Al llegar a la estación de Charing Cross, la pareja se encontró con los cinco colegas del Reform Club, alineados en la plataforma de embarque. Phileas Fogg se dirigió a ellos y les dijo:

— Señores, me marcho. Todos los sellos estampados en mi pasaporte permitirán, cuando regrese, confirmar mi itinerario.

Andrew Stuart dio un paso adelante y le advirtió:

— No olvide que deberá estar de vuelta…

— En ochenta días, — continuó el señor Fogg y añadió:

— El sábado, 21 de diciembre de 1872, a las 20:45 h en el gran salón del Reform Club. Hasta pronto, caballeros.

Sin decir una palabra más, los dos subieron al tren. Bajo una llovizna, la locomotora silbó puntualmente a las 20:45 h. Las ruedas empezaron a girar a toda prisa, igual que las agujas del reloj de la estación. Phileas Fogg y Passepartout, a bordo del vagón de primera clase, partieron rumbo a Dover, primer destino de la desafiadora vuelta al mundo..

AMÉRICA
DO NORTE
LONDRES
PARIS
EUROPA
BRINDISI
SUEZ
ÁSIA
ÁFRICA
CONSULADO BRITÂNICO
9 - 10 - 1872
SUEZ - EGITO

3

Um inspetor de polícia no encalço de um elegante cavalheiro

OS DIAS SE PASSARAM. Em 9 de outubro, o inspetor de polícia Fix aguardava ansiosamente o desembarque dos passageiros do navio *Mongólia*, vindo do porto italiano de Brindisi. Ele era um dos detetives enviados mundo afora para prender o assaltante do Banco da Inglaterra. Dois dias antes, Fix recebera as descrições do ladrão: tratava-se de um cavalheiro alto, elegante, portando sempre uma cartola, com cabelos loiros, bigode longo e perfeitamente dividido ao meio.

Sua respiração pesada foi finalmente abafada pela chegada do *Mongólia*. Em meio a muitos passageiros, apareceu um mais afoito, que perguntou ao policial onde ficava o escritório do consulado inglês. Era Passepartout, que precisava carimbar o passaporte do seu patrão, Phileas Fogg. Ao ver a foto do cavalheiro inglês, Fix ordenou que se apresentasse às autoridades. Afinal, mister Fogg tinha a aparência do suspeito do grande roubo. Entretanto, para prendê-lo, o detetive Fix precisaria de um mandado de prisão, enviado por Londres.

Passepartout voltou ao navio e, poucos minutos mais tarde, Phileas Fogg entrava no escritório do consulado. Fix o aguardava ao lado do cônsul, que carimbou o passaporte do inglês e o liberou: não havia nenhum motivo para não o deixar seguir viagem, pois seus papéis estavam em ordem. O inspetor ficou furioso, mas nada pôde fazer. Como o mandado de prisão não chegaria a tempo, Fix não podia detê-lo e sequer deu conhecimento ao

Un inspector de policía tras la pista de un elegante caballero

LOS DÍAS PASARON. El 9 de octubre, el inspector de policía Fix esperaba ansiosamente la llegada de los pasajeros del barco *Mongolia*, procedente del puerto italiano de Brindisi. Fix era uno de los detectives enviados alrededor del mundo para arrestar al ladrón del Banco de Inglaterra. Dos días antes, Fix había recibido la descripción del ladrón: se trataba de un caballero alto y elegante, que siempre llevaba un sombrero de copa, de cabello rubio, bigote largo perfectamente dividido en el medio.

Su respiración entrecortada se tranquilizó al fin con la llegada del *Mongolia*. En medio de tantos pasajeros surgió uno especialmente presuroso que le preguntó al oficial de policía dónde se encontraba el consulado británico. Era Passepartout que necesitaba sellar el pasaporte de su patrón, Phileas Fogg. Al ver la foto del caballero inglés, Fix ordenó que se presentase a las autoridades. Lo cierto era que mister Fogg se parecía al sospechoso del gran robo. Sin embargo, para arrestarlo, el detective Fix necesitaría una orden de arresto enviada desde Londres.

Passepartout regresó al barco y, minutos después, Phileas Fogg entraba en la oficina del consulado. Fix lo estaba esperando junto al cónsul, que le selló su pasaporte y le dejó marchar: no había razón alguna para no dejarle seguir su viaje, ya que sus papeles estaban en regla. El inspector se puso furioso, pero no pudo hacer nada. Como la orden de arresto no llegaría a tiempo, Fix no podía detenerlo y ni siquiera le informó al caballero inglés de que

passageiro inglês de que ele corria risco de ir para a cadeia.

Acompanhado por Passepartout, Phileas Fogg retornou a bordo calmamente. Fix, sem querer perder seu suspeito de vista, decidiu embarcar no *Mongólia* rumo a Bombaim, uma das maiores cidades da Índia e que pertencia à coroa inglesa. Lá ele esperava receber o mandado para prender aquele homem misterioso, que, aos olhos do detetive, procurava fugir da polícia.

O *Mongólia* seguiu, então, pelas águas do mar Vermelho a pleno vapor. Até aquele trecho, Phileas Fogg estava cumprindo com o que havia programado. O tempo despendido de Londres até Suez, cidade egípcia, não lhe dera qualquer ganho ou perda. Tudo ocorrera sem nenhum sobressalto: o trajeto de trem de Londres a Dover; a travessia do canal da Mancha de barco até o porto de Calais e dali até Paris; da capital francesa, sempre de trem, via Turim, no norte da Itália, até o porto de Brindisi, bem na ponta do salto que ajuda a dar forma de bota a esse país; e já a bordo do *Mongólia*, todo o trecho da Europa até o Egito. Tudo conforme o calculado. A caminho da Índia, a embarcação fez uma escala em Áden, ao sul da península Arábica, para se reabastecer de carvão.

Passepartout encontrou o agente Fix a bordo, sem perceber que o policial estava no encalço de seu patrão. O inspetor procurava mais informações sobre as intenções do cavalheiro inglês. Fix ficou mais desconfiado quando Passepartout relatou que mister Fogg o chamara para uma viagem repentina ao redor do mundo, por conta de uma aposta. As suspeitas aumentaram ainda mais quando o francês contou que carregava uma bolsa cheia de notas novinhas do Banco da

corría el riesgo de ir a la cárcel.

Acompañado por Passepartout, Phileas Fogg regresó a bordo tranquilamente. Fix, como no quería perder de vista al sospechoso, decidió embarcar en el *Mongolia* rumbo a Bombay, una de las mayores ciudades de la India que pertenecía a la corona inglesa. Allí, esperaba recibir la orden para arrestar a ese hombre misterioso que, a los ojos del detective, trataba de escapar de la policía.

El *Mongolia* siguió, pues, las aguas del Mar Rojo a todo vapor. Hasta ese momento, Phileas Fogg estaba cumpliendo con lo que había programado. El tiempo transcurrido de Londres hasta Suez, ciudad egipcia, no le había dado ninguna ventaja o atraso. Todo ocurrió sin ningún sobresalto: el viaje en tren de Londres a Dover; la travesía del canal de la Mancha en barco hasta el puerto de Calais y desde allí hasta París; de la capital francesa, siempre en tren, vía Turín en el norte de Italia, hasta el puerto de Brindisi, justo en la punta del tacón que ayuda a dar forma de bota a ese país; y ya a bordo del Mongolia, todo el trayecto de Europa hasta Egipto. Todo según lo calculado. Camino de la India, el barco hizo escala en Adén, al sur de la península arábiga, para repostar combustible.

Passepartout encontró al agente Fix a bordo, sin darse cuenta de que el policía seguía la pista de su patrón. El inspector buscaba más información sobre las intenciones del caballero inglés. Fix desconfió más cuando Passepartout le contó que mister Fogg le había anunciado de forma repentina un viaje alrededor del mundo, debido a una apuesta. Las sospechas aumentaron aún más cuando el francés le contó que llevaba una bolsa llena de billetes nuevos del Banco de Inglaterra para pagar los gastos de ese largo viaje. La idea parecía una

Inglaterra para pagar as despesas daquela longa jornada. A ideia parecia uma loucura, mas ele seguia as ordens do patrão. E nada mais sabia sobre o assunto. Nem queria saber. Para ele, que nada conhecia fora da Europa, tudo se tornara uma grande aventura.

locura, pero él seguía las órdenes de su amo. Y no sabía nada más sobre el asunto. Ni siquiera quería saber más. Para él, que solo conocía Europa, el viaje se había convertido en una gran aventura.

4 Bons ventos a favor de Mister Fogg

O MAR AJUDOU PHILEAS FOGG: o *Mongólia* avançou rapidamente pelas correntes do oceano Índico e chegou a Bombaim, em 20 de outubro, com um ganho de dois dias em relação ao previsto.

Phileas Fogg sequer cogitava conhecer as belezas da cidade. Nem mesmo ver seus fortes, sua magnífica biblioteca, suas feiras animadas, seus bazares, suas mesquitas, sinagogas e

Buenos Vientos a Favor de Mister Fogg

EL MAR AYUDÓ A PHILEAS FOGG: el *Mongolia* avanzó rápidamente por las corrientes del océano Índico y llegó a Bombay el 20 octubre, con una ventaja de dos días respecto al pronóstico.

Phileas Fogg ni siquiera pensó en conocer las bellezas de la ciudad. Ni siquiera quiso ver sus fuertes, su magnífica biblioteca, sus animadas ferias, sus bazares, sus mezquitas,

igrejas armênias. Ao pisar em solo hindu, simplesmente rumou para o consulado britânico. Mais um carimbo confirmava seus passos ao redor do mundo. Por sua vez, o inspetor Fix ficou desapontado ao descobrir que seu mandado de prisão não havia chegado. Sem outra opção, decidiu continuar na cola do imperturbável cavalheiro inglês.

sinagogas e iglesias armenias. Al pisar en suelo hindú, simplemente se dirigió al consulado británico. Un sello más confirmaba sus pasos alrededor del mundo. A su vez, el inspector Fix se decepcionó cuando descubrió que su orden de arresto no había llegado. Sin otra opción, tuvo que continuar tras los pasos del imperturbable caballero inglés.

Enquanto isso, o agitado Passepartout não resistiu em se aventurar pelas ruas de Bombaim. Sua curiosidade o levou até o esplêndido pagode de Malabar Hill, onde adentrou sem nenhum cuidado. O jovem francês não sabia que o acesso a esses templos era proibido a estrangeiros. Sua presença naquele local sagrado despertou a ira de alguns frequentadores. O atlético francês teve de mostrar sua força e agilidade ao sair correndo, perseguido por alguns fiéis exaltados. Na fuga, perdeu seus calçados, o que lhe custaria muito caro depois...

Minutos mais tarde, a locomotiva apitou vigorosamente e desapareceu na noite em direção a Calcutá, que ficava do outro lado da Índia. A bordo, Passepartout encontrou, já acomodado, Phileas Fogg e, próximo a ele, um companheiro de viagem cada vez mais incômodo: o inspetor Fix.

Mientras tanto, el inquieto Passepartout no pudo resistir a aventurarse por las calles de Bombay. Su curiosidad lo llevó a la espléndida pagoda de Malabar Hill, donde entró sin prestar atención. El joven francés no sabía que el acceso a esos templos estaba prohibido para extranjeros. Su presencia en aquel lugar sagrado despertó la ira de algunos asiduos. El atlético francés tuvo que mostrar su fuerza y agilidad mientras corría, perseguido por algunos exaltados fieles. En su huida, perdió sus zapatos, lo que le costaría muy caro después...

Minutos más tarde, la locomotora silbó con fuerza y desapareció en la noche en dirección a Calcuta, que estaba al otro lado de la India. A bordo, Passepartout encontró ya acomodado a Phileas Fogg y, cerca de él, a un compañero de viaje cada vez más molesto: el Inspector Fix.

Acontecimentos inesperados nas florestas da Índia

A JORNADA DE TREM OCORREU SEM INCIDENTES, passando pelas montanhas dos Gates e pela região relativamente plana do território de Khandeish, tendo parado em Burhampur para que os passageiros almoçassem. A locomotiva avançava rapidamente ao longo do seu curso, expelindo uma fumaça que desenhava espirais na paisagem. As palmeiras pareciam saudar os viajantes, balançando entre pitorescos bangalôs e templos magníficos. No entanto, ao chegarem à estação de Rothal, após mais de um dia de viagem, receberam uma notícia surpreendente:

— Os viajantes descem aqui! — ordenou o condutor.

Os passageiros nem tiveram tempo de reclamar. O maquinista explicou que o trecho entre aquela localidade e Allahabad não estava pronto. Os jornais europeus haviam informado erradamente! Quem quisesse seguir até Calcutá e completar a travessia até o leste da Índia precisaria passar pela floresta utilizando outro meio de transporte.

O calmo cavalheiro inglês não se abatia nunca, pois sabia que os dois dias ganhos nas etapas anteriores serviam justamente para enfrentar os contratempos que pudessem surgir. A solução para chegar a Allahabad não tardaria. Passepartout, ainda descalço, ao sair para comprar algum tipo de sapato encontrou mais do que um belo par de pantufas de couro. O criado descobriu um modo de locomoção inesperado: nada mais, nada menos do que “a bordo” de um elefante!

Acontecimientos inesperados en los Bosques de la India

5

EL VIAJE EN TREN TRANSCURRIÓ SIN INCIDENTES, pasando por las montañas de los Gates y por la región relativamente plana del territorio de Khandeish, con parada en Burhampur para que los pasajeros almorzasen. La locomotora avanzaba rápidamente a lo largo de su curso, expulsando un humo que diseñaba espirales en el paisaje. Las palmeras parecían saludar a los viajeros, balanceándose entre pintorescos bungalós y magníficos templos. Sin embargo, al llegar a la estación de Rothal, después de un día más de viaje, recibieron una noticia sorprendente:

— ¡Que todos los viajeros bajen aquí! — ordenó el conductor.

Los pasajeros ni siquiera tuvieron tiempo de quejarse. El maquinista explicó que el tramo entre aquella localidad y Allahabad no estaba finalizado. ¡Los periódicos europeos habían publicado una información equivocada! Quien quisiera ir a Calcuta y completar el recorrido hasta el este de la India, necesitaría atravesar el bosque utilizando otro medio de transporte.

El tranquilo caballero inglés no se rendía nunca, ya que sabía que los dos días de ventaja que tenían servirían justamente para afrontar los posibles contratiempos. La solución para llegar a Allahabad no se haría esperar. Passepartout, todavía descalzo, al salir para comprar algún tipo de calzado, encontró algo más que un buen par de pantuflas de cuero. El criado descubrió un modo inesperado de locomoción: ¡nada más y nada menos que "a bordo" de un elefante!

Mister Fogg contratou um guia hindu que conhecia bem os atalhos da região e, em poucos minutos, embrenharam-se pela selva indiana. Phileas Fogg acomodou-se na parte traseira de um balaio. Na parte dianteira, foram colocadas as bagagens da dupla. Passepartout ficou em cima das malas, logo atrás do guia, que os conduziu mata adentro.

A marcha do paquiderme transcorria sem surpresas, enquanto Passepartout sacolejava como se estivesse num picadeiro de circo. Macacos observavam a cena e faziam mil caretas. Pareciam zombar do francês e de suas "acrobacias" malucas.

Percorreram um longo trecho de mata fechada que parecia um túnel verde onde mal distinguiam se era dia ou noite. De repente, escutaram um barulho que não fazia parte da sinfonia da selva. O som, que ecoava entre as árvores, parecia marchar na direção deles e logo se transformou num ritmo tão assustador que o animal parou. Minutos depois, assistiram a uma procissão de uma seita de fanáticos, que andavam aos gritos sob o som de tambores. Alguns homens armados de lanças carregavam uma bela jovem, coberta de joias e vestida numa túnica cravejada de ouro. Ela parecia estar desmaiada. O guia, que conhecia as barbaridades daquela seita, escondeu o elefante entre as plantas e sussurrou aos dois passageiros:

— Isso é um ritual de sacrifício. A história dessa mulher é um assunto muito comentado por aqui. Ela se chama misses Alda e deverá ser queimada viva, ao lado do cadáver do seu marido, o rajá, que morreu há poucos dias. O sacrifício será amanhã, ao primeiro raio de sol.

— Temos de salvá-la — disse Phileas Fogg, sem perder a calma, após consultar seu relógio de bolso. — Estou doze horas adiantado.

Mister Fogg contrató a un guía hindú que conocía bien los atajos de la región y, a los pocos minutos, se adentraron en la jungla india. Phileas Fogg se instaló en la parte trasera de un gran cesto. En la parte delantera, colocaron el equipaje de la pareja. Passepartout se sentó encima del equipaje, justo detrás del guía, que los condujo al corazón de la selva.

La marcha del paquidermo transcurría sin sorpresas, mientras que Passepartout se balanceaba como si estuviera en un picadero de circo. Los monos observaban la escena haciendo mil muecas diferentes. Parecían burlarse del francés y de sus locas "acrobacias".

Caminaron por un largo tramo de bosque cerrado que parecía un túnel verde donde apenas se podía distinguir si era de día o de noche. De repente, oyeron un ruido que no formaba parte de la sinfonía de la selva. El sonido, que retumbaba entre los árboles, parecía dirigirse hacia ellos y en seguida se convirtió en un ritmo tan aterrador que el animal se detuvo. Minutos después, vieron una procesión de una secta de fanáticos que gritaban bajo el replique de tambores. Algunos hombres armados con lanzas llevaban a una hermosa joven, cubierta de joyas y vestida con una túnica adornada de oro. La joven parecía estar desmayada. El guía, que conocía las barbaridades de aquella secta, ocultó al elefante entre las plantas y susurró a los dos pasajeros:

— Es un ritual de sacrificio. La historia de esta mujer es un asunto muy comentado por aquí. Se llama misses Alda y será quemada viva, junto al cadáver de su marido, un rajá que murió hace unos días. El sacrificio se realizará mañana, con el primer rayo de sol.

— Debemos salvarla — dijo Phileas Fogg, sin perder la calma, después de consultar su reloj de bolsillo. Llevo doce horas de adelanto.

6 Resgate surpreendente e arriscado

HORAS MAIS TARDE, MISTER FOGG, Passepartout e o guia tentaram entrar no templo para resgatar a jovem hindu, mas muitos guardas vigiavam a viúva do rajá. Não havia o que fazer. Mister Fogg chegou a pensar em avançar com o elefante em direção ao seu cativeiro para salvá-la. Mas como? Enquanto retornava com o guia até o animal, Passepartout sumiu.

O som dos gongos anunciou o início da cerimônia. A jovem hindu foi levada até uma pira para ser queimada ao lado do cadáver do marido. Um guardião acendeu uma tocha para colocar fogo na madeira. De repente, para pavor de todos, o cadáver levantou-se, pegou a jovem e correu em direção ao elefante. Os fanáticos, assustados por acharem que seria alguma divindade poderosa, deitaram-se no chão e não ousaram levantar a cabeça. Ao se aproximar do animal, a tal divindade, com as roupas do rajá ressuscitado, anunciou:

— Vamos fugir daqui!

A estranha figura logo se revelou diante de mister Fogg e o guia. Era Passepartout, vestido de rajá.

Ele saltou com a jovem, ainda desmaiada, na parte dianteira do balaio.

— Como você fez isso? — perguntou, apavorado, o guia hindu.

— Tive de esconder o cadáver e, com a roupa do rajá, eu me fingi de morto ao lado da jo...

Nem pôde terminar de falar. Sua manobra foi logo descoberta pelos fanáticos, que partiram na direção do elefante, em meio a gritos aterrorizantes. Entre balas e flechadas, o grupo, a bordo do valente paquiderme, desapareceu na floresta.

Sorprendente y arriesgado rescate

HORAS MÁS TARDE, Mister Fogg, Passepartout y el guía intentaron entrar en el templo para rescatar a la joven hindú, pero había muchos guardias que vigilaban a la viuda del rajá. No había nada que hacer. El señor Fogg llegó a pensar en avanzar con el elefante hacia su cautiverio para salvarla. ¿Pero cómo? Mientras regresaba con el guía al lugar donde se ocultaba el animal, Passepartout desapareció.

El sonido de los gongs anunció el inicio de la ceremonia. La joven hindú fue llevada a una pira para ser quemada junto al cadáver de su esposo. Un guardián encendió una antorcha para prender fuego a la madera. De repente, para horror de todos, el cadáver se levantó, tomó a la joven y corrió en dirección al elefante. Los fanáticos, asustados porque pensaron que era una divinidad poderosa, se tumbaron en el suelo y no se atrevieron a levantar la cabeza. Al acercarse al animal, la citada deidad, con la vestimenta del rajá resucitado, anunció:

— ¡Salgamos de aquí!

La extraña figura pronto se reveló al señor Fogg y al guía. Era Passepartout, vestido de rajá.

El francés dio un salto con la joven, todavía desmayada, hacia la parte delantera del cesto.

— ¿Cómo lo hiciste? Preguntó el guía hindú, aterrorizado.

— Tuve que esconder el cadáver, y con la ropa del rajá me hice el muerto al lado de la jo...

Antes de que acabara de hablar, su truco fue descubierto por los fanáticos, que se dirigían en dirección al elefante, en medio de gritos amenazadores. Entre balas y flechas, el grupo, a bordo del valiente paquidermo, desapareció en el bosque.

Após muitos solavancos, porém sem mais sustos, chegaram a Allahabad, onde pegaram o trem até Calcutá. Misses Alda aos poucos começava a recuperar os sentidos. Para protegê-la contra uma provável vingança dos fanáticos religiosos, Phileas Fogg convenceu a bela hindu a seguir viagem até Hong Kong. A jovem revelara que tinha familiares nessa cidade encravada na costa chinesa e que também pertencia à coroa inglesa.

Después de muchos baches, pero sin más sustos, llegaron a Allahabad, donde tomaron el tren a Calcuta. Misses Alda empezó a recuperar el sentido. Para protegerla de una posible venganza de los fanáticos religiosos, Phileas Fogg convenció a la hermosa hindú que viajara hasta Hong Kong. La joven reveló que tenía familiares en esa ciudad situada en la costa china, que pertenecía también a la corona inglesa.

7

Um julgamento em Calcutá

APÓS PASSAR PELA CIDADE RELIGIOSA DE BENARES e adentrar no vale sagrado do rio Ganges, o trem chegou a Calcutá. Eram exatamente 7h da manhã de 25 de outubro, vinte e três dias após terem deixado Londres. Phileas Fogg estava dentro do prazo calculado. Sem ganhos nem perdas. Ao descerem do vagão, no entanto, surgiu um terrível imprevisto: Passepartout e mister Fogg foram presos por um policial! A acusação: como o criado havia entrado num templo hindu em Bombaim, o que não era permitido, teria de ir a julgamento. Seu patrão também! Afinal, Phileas Fogg era o responsável pelo comportamento inadequado do criado francês.

A razão de terem sido levados às autoridades era obra do agente Fix. Como Calcutá era terra inglesa, com a esperança de receber o mandado em poucos dias, ele poderia prender o ladrão. Precisava pelo menos retardar mister Fogg. Enquanto o cavalheiro inglês se envolvera no resgate da jovem viúva, Fix teve tempo de convencer os religiosos hindus a acusar o cavalheiro inglês para, provavelmente, prendê-lo em Calcutá. A grande prova: os sapatos que Passepartout havia perdido ao fugir do templo!

Conseguiriam se defender das acusações? Haveria tempo de alcançar o navio, prestes a zarpar rumo a Hong Kong? Ou seria ali o ponto final para as pretensões de Phileas Fogg?

No tribunal hindu, ao serem julgados e condenados de acordo com as leis locais, mister Fogg teve de desembolsar um bom valor para pagar a fiança e serem soltos.

Un juicio en Calcuta

DESPUÉS DE PASAR POR LA CIUDAD RELIGIOSA DE BENARÉS y entrar en el valle Sagrado del río Ganges, el tren llegó a Calcuta. Eran exactamente las 7 de la mañana del 25 de octubre, veintitrés días después de haber dejado Londres. Phileas Fogg estaba dentro del plazo calculado. Sin ventaja ni atrasos. Sin embargo, cuando bajaron del vagón, hubo un terrible imprevisto: ¡Passepartout y mister Fogg fueron arrestados por un oficial de policía! La acusación: como el criado había entrado en un templo hindú en Bombay y no estaba permitido, ahora tendría que ir a juicio. ¡Su jefe también! A fin de cuentas, Phileas Fogg era responsable del comportamiento inadecuado del criado francés.

El motivo de ser arrestados por las autoridades era obra del agente Fix. Como Calcuta era territorio inglés, existía la posibilidad de recibir ahí la orden de arresto en unos días, por ello debía retener al ladrón. Era necesario al menos retrasar a mister Fogg. Mientras el caballero inglés estaba ocupado en el rescate de la joven viuda, Fix tuvo tiempo de convencer a los religiosos hindúes para que acusasen al caballero inglés y así tener la oportunidad de retenerlo en Calcuta. La gran prueba: ¡los zapatos que Passepartout había perdido al huir del templo!

¿Conseguirían defenderse de las acusaciones? ¿Habría tiempo de alcanzar el barco a punto de zarpar hacia Hong Kong? ¿Acabarían aquí las pretensiones de Phileas Fogg?

En el tribunal hindú, al ser juzgado y condenado de acuerdo con las leyes locales, mister Fogg tuvo que desembolsar una buena cantidad para pagar la fianza y ser liberados.

Somente assim é que conseguiram chegar a tempo no porto para alcançar o barco a vapor *Rangoon*. Como o mandado de prisão ainda não estava em suas mãos, só restou ao inspetor Fix seguir o cavalheiro da forma mais discreta possível. Mas...

Sólo así conseguirían llegar a tiempo al puerto para alcanzar el barco a vapor *Rangoon*. Como la orden de detención aún no había llegado, el inspector Fix únicamente podía seguir al caballero de la forma más discreta posible. Pero...

Uma hora mais tarde, às 12h de 25 de outubro, o navio inglês, feito de ferro e dotado de uma grande hélice, zarpava em direção a Hong Kong. Phileas Fogg não estava nem adiantado nem atrasado. Continuava, por ora, no comando das horas, dos minutos e dos segundos. E, ao seu lado, batendo tão forte como os ponteiros de seu relógio, estava o coração de uma bela e jovem hindu.

Una hora más tarde, a las 12:00 h del 25 de octubre, el barco inglés, hecho de hierro y dotado de una gran hélice, zarpaba en dirección a Hong Kong. Phileas Fogg no llevaba ventaja ni retraso. Continuaba, todavía, controlando las horas, los minutos y los segundos. Y, a su lado, latiendo tan fuerte como los punteros de su reloj, se encontraba el corazón de la hermosa y joven hindú.

8

Incertezas no mar e em terra ameaçam os planos de Phileas Fogg

O *RANGOON* AVANÇOU COM FORÇA PELAS ÁGUAS DO OCEANO ÍNDICO para uma rápida escala em Cingapura, somente para reabastecer de carvão. A bordo, o agente Fix escondia-se para não ser visto por mister Fogg e Passepartout. Da janela da sua cabine, não conseguia avistar mais do que um mar de dúvidas: o que fazia uma mulher ao lado do seu suspeito? Teria o cavalheiro inglês ido buscá-la na Índia? Haveria alguma conspiração no ar? Não via a hora de chegar a Hong Kong. Nesse porto, que fazia parte dos domínios ingleses, ele poderia conseguir seu mandado e finalmente prender o excêntrico inglês.

Mister Fogg sequer imaginava que um policial o perseguia por ser o grande suspeito do roubo do Banco da Inglaterra. Enquanto isso, misses Alda pôde conhecer os hábitos e os propósitos do homem que comandara o seu resgate, salvando sua vida.

Mas enquanto navegavam em alto-mar, Passepartout acabou trombando com o inspetor Fix. O agente inglês aproveitou o inesperado encontro para alertá-lo sobre a possível razão da viagem de seu patrão. O francês não acreditou naquela acusação e não tardou em chegar a uma conclusão: o inspetor devia estar a serviço dos membros do Reform Club para seguir seu patrão e verificar se ele não faria alguma trapaça para ganhar a aposta!

Meio dia adiantado, de acordo com os cálculos de Phileas Fogg, o *Rangoon* atracou em

Incertidumbres en el mar y en tierra amenazan los planes de Phileas Fogg

EL *RANGOON* AVANZÓ CON FUERZA POR LAS AGUAS DEL OCÉANO ÍNDICO haciendo una escala rápida en Singapur, únicamente para repostar carbón. A bordo, el agente Fix se escondía para que no le vieran mister Fogg y Passepartout. Desde la ventana de su camarote, solo conseguía divisar un mar de dudas: ¿qué hacía esa mujer al lado del sospechoso? ¿Habría ido el caballero inglés aposta a buscarla a la India? ¿Habría alguna conspiración en el aire? No veía la hora de llegar a Hong Kong. En ese puerto, que era parte de los dominios ingleses, podría conseguir su orden y finalmente arrestar al excéntrico inglés.

Mister Fogg no podía imaginar que un oficial de policía lo estuviera persiguiendo por ser el gran sospechoso del robo al Banco de Inglaterra. Mientras tanto, misses Alda pudo conocer las costumbres e intenciones del hombre que había ordenado su rescate, salvándole la vida.

Pero mientras navegaban en alta mar, Passepartout acabó encontrando al inspector Fix. El agente inglés aprovechó el inesperado encuentro para alertarle sobre la posible razón del viaje de su jefe. El francés no creyó esa acusación y no tardó en llegar a una conclusión: ¡el inspector debía estar al servicio de los miembros del Reform Club para seguir a su jefe y comprobar que no hacía trampas para ganar la apuesta!

Medio día antes, según los cálculos de

EUROPA
ÁSIA
SUEZ
CALCUTÁ
ÁDEN
BOMBAIM
CINGAPURA
AMÉRICA DO SUL
CINGAPURA
31 - 10 - 1872
RANGOON

Cingapura. Ainda era 31 de outubro. O relógio estava a seu favor. Com isso, aproveitou para levar misses Alda a um passeio de carruagem pela ilha. A paisagem, emoldurada de palmeiras, era adornada com plantações floridas de cravos-da-índia, que pareciam se abrir refletindo os encantos da bela jovem.

Às 11h o *Rangoon*, totalmente abastecido de carvão, soltava as amarras e zarpava para Hong Kong. O navio navegava tão rápido que, poucas horas mais tarde, seus passageiros sequer conseguiam avistar as montanhas de Malaca, onde vivem os tigres mais belos do planeta.

O mar começou a apresentar mudanças de humor. Ora enfurecia-se em tempestades, ora serenava tanto que nenhum vento aparecia para impulsionar o *Rangoon*. Com isso, só chegaram a Hong Kong um dia após o programado: em 6 de novembro!

Por sorte, o navio que os levaria à próxima escala estava atrasado. De fato, o barco a vapor *Carnatic* encontrava-se em reparos e sua nova partida estava estimada para a manhã do dia seguinte.

Foi o tempo de mister Fogg poder desembarcar e ir em busca dos parentes de misses Alda. Ao visitar o centro comercial da cidade, soube que o primo que ela esperava encontrar mudara-se há tempos para a Holanda. Sem mais nada a fazer, mister Fogg convidou a hindu para acompanhá-lo até a Europa.

— Não queria abusar, mister Fogg! — disse a jovem, sem graça.

— Sua presença não atrapalha meu programa — respondeu friamente Phileas Fogg.

Phileas Fogg, el *Rangoon* atracó en Singapur. Todavía era el 31 de octubre. El tiempo corría a su favor. Por esta razón, aprovechó para dar un paseo con Misses Alda en carruaje alrededor de la isla. El paisaje, delimitado por palmeras, estaba adornado con plantaciones floridas de árboles tropicales que ensalzaban los encantos de la bella joven.

A las 11:00 h el *Rangoon*, completamente abastecido de carbón, soltaba las amarras y zarpaba en dirección a Hong Kong. El barco navegaba tan rápido que, pocas horas después, sus pasajeros ni siquiera podían ver las montañas de Malaca, hogar de los tigres más bellos del planeta.

El mar comenzó a presentar cambios de humor. En un momento se enfurecía en tormentas, para luego calmarse tanto que ningún viento impulsaba el *Rangoon*. Por eso, tan solo llegaron a Hong Kong un día después de lo programado: ¡el 6 de noviembre!

Afortunadamente, el barco que los llevaría a la siguiente escala estaba atrasado. De hecho, el barco a vapor *Carnatic* estaba en reparación y se estimaba que saldría por la mañana del día siguiente.

Este tiempo fue aprovechado por mister Fogg para desembarcar e ir en busca de los parientes de misses Alda. Al visitar el centro comercial de la ciudad, la joven descubrió que el primo con el que esperaba encontrarse, se había mudado hacía mucho tiempo a Holanda. Sin nada más que hacer, mister Fogg invitó a la hindú a que le acompañara a Europa.

— ¡No quería abusar de usted, mister Fogg! — dijo la joven, avergonzada.

— Su presencia no altera mi programa, — respondió fríamente Phileas Fogg.

Misses Alda, cada vez mais fascinada com o decidido cavalheiro, aceitou então seu sincero convite para seguir na sua incrível aventura.

Hong Kong talvez fosse a última grande chance de Fix prender mister Fogg na sua suspeita volta ao mundo. Afinal, dali para a frente não pisariam mais em solo britânico. Com isso, só poderia detê-lo na volta de mister Fogg à Inglaterra. Mas será que ele planejava mesmo retornar a Londres? Fix não quis arriscar. Como seu mandado de prisão não chegava, decidiu atrasar a viagem do cavalheiro e o jeito que encontrou foi distrair Passepartout. O agente convidou-o para um passeio pela cidade. O francês vagou pelas ruas, encantando-se com um festival de novidades, luzes e cores.

Quando se deu conta, estava só, perdido num labirinto de vielas. Quanto mais andava, mais atordoado ficava. Conseguiria voltar até o horário de partida do navio?

No dia seguinte, em 7 de novembro, mister Fogg chegou ao porto para embarcar no *Carnatic* e teve uma terrível surpresa: a embarcação havia finalizado seus reparos antes do prazo e já partira com destino ao Japão. Para piorar o quadro, Passepartout não estava no cais. O que acontecera com seu criado: teria desaparecido na cidade ou embarcado no navio? Sua volta ao mundo em oitenta dias estaria comprometida?

Misses Alda, cada vez más fascinada con el decidido caballero, aceptó en seguida su sincera invitación para continuar dentro de su increíble aventura.

Hong Kong podría ser la última gran oportunidad de Fix para detener a mister Fogg en su sospechosa vuelta alrededor del mundo. A fin de cuentas, de ahí en adelante ya no pisarían más suelo británico. Por ello, solo podría detenerlo cuando mister Fogg regresase a Inglaterra. Pero, ¿realmente planeaba regresar a Londres? Fix no quería arriesgarse. Como la orden de arresto no llegaba, decidió retrasar el viaje del caballero y la única forma que encontró fue distraer a Passepartout. El agente lo invitó a dar un paseo por la ciudad. El francés deambulaba por las calles fascinado por un festival de novedades, luces y colores.

Cuando se dio cuenta, estaba solo, perdido en un laberinto de callejones. Cuanto más caminaba, más aturdido estaba. ¿Conseguiría regresar antes de la hora de salida del barco?

Al día siguiente, el 7 de noviembre, mister Fogg llegó al puerto para embarcar en el *Carnatic* y se deparó con una terrible sorpresa: la embarcación había sido reparada antes del plazo previsto y ya se había marchado con destino a Japón. Para empeorar las cosas, Passepartout no estaba en el muelle. ¿Qué le habría pasado a su criado? ¿Habría desaparecido dentro de la ciudad o habría embarcado en el navío? ¿Su vuelta al mundo en 80 días correría peligro?

福
HAT
漢
字
HONG KONG
6 - 11 - 1872
LONDRES
EUROPA
PARIS
BRINDISI
ÁSIA
SUEZ
HONG KONG
CALCUTÁ
ÁFRICA
ÁDEN
BOMBAIM
CINGAPURA
AMÉRICA

9

Manobras arriscadas no Oriente

MESMO NÃO TENDO EMBARCADO NO *CARNATIC*, o navio que os levaria a Yokohama, e sem nenhum sinal de Passepartout, mister Fogg não perdeu sua serenidade. Caminhou pelo porto até encontrar algum meio de transporte que pudesse fazer aquele trajeto. Precisava chegar a tempo de subir a bordo do *General--Grant*, o barco a vapor que atravessaria o oceano Pacífico rumo aos Estados Unidos.

O inspetor Fix acompanhava seus passos e torcia para que mister Fogg se atrasasse. Mas bons ventos voltaram a soprar a favor do decidido cavalheiro. Ao descer pelo cais, cruzou com o dono de um barco a vela, a quem indagou:

— Você conhece algum meio de se chegar a Yokohama, no Japão, até o dia 14? Preciso pegar o barco para São Francisco.

Maniobras arriesgadas en oriente

A PESAR DE QUE NO HABÍA EMBARCADO EN EL *CARNATIC*, el barco que los llevaría a Yokohama, y sin rastro de Passepartout, mister Fogg no perdió la calma. Caminó por el puerto hasta encontrar algún medio de transporte que pudiese hacer aquel trayecto. Precisaba llegar a tiempo para subir a bordo del *General-Grant*, el barco a vapor que cruzaría el océano Pacífico rumbo a Estados Unidos.

El inspector Fix seguía sus pasos y esperaba que mister Fogg se atrasase. Pero la suerte volvió al lado del decidido caballero. Mientras bajaba por el muelle, se cruzó con el dueño de un velero, a quien le preguntó:

— ¿Conoce alguna forma de llegar a Yokohama, Japón, hasta el día 14 como máximo? Necesito ir a San Francisco.

— Não! E seria um trajeto muito arriscado para minha preciosa *Tankadère*! — respondeu o velho marujo do mar, que emendou: — Mas posso ir a Xangai, na costa chinesa. Além de ser uma rota mais segura, é de lá que o navio americano inicia viagem. Só depois é que ele atraca em Yokohama.

— Ótimo. Então, negócio fechado.

Eram 3h10 da tarde de 7 de novembro quando as velas foram içadas e o valente veleiro, que parecia participar de uma corrida, deixou Hong Kong. A bordo, ajeitaram-se no convés mister Fogg, misses Alda e o incansável Fix. Para não perder o seu suspeito de vista, o agente aceitara o convite para velejar pela costa, sem que Phileas Fogg sequer desconfiasse de suas intenções. Mister Fogg ainda guardava esperanças de reencontrar Passepartout na próxima escala da sua viagem.

Não tardou para o mar se revoltar. A tempestade ganhou ainda mais força à noite. A *Tankadère* enfrentava com bravura ondas altas e ameaçadoras. Os ponteiros do relógio também pareciam querer se revoltar, como se corressem mais rápido. Quatro dias agitados se passaram. Em 11 de novembro, ao se aproximarem do porto de Xangai, um navio se delineou no horizonte como se estivesse anunciando que os planos de Phileas Fogg estavam indo embora: o *General-Grant* acabara de partir rumo à América!

— Bandeira a meio pau! Fogo! — ordenou mister Fogg, sem perder tempo.

O estrondo causado pelo pequeno canhão pôde ser escutado a quilômetros de distância. Mister Fogg sabia que, dentro da convenção náutica, aqueles sinais eram pedidos para que outra embarcação viesse em socorro. Era como se estivessem em situação de emergência. E, de certa forma, estavam. Sobretudo o

— ¡No! ¡Sería una ruta muy arriesgada para mi preciosa *Tankadère*! — respondió el viejo marinero de mar, quien continuó: — Pero puedo ir a Shanghai, en la costa china. Además de ser una ruta más segura, es ahí donde el barco americano comienza su viaje. Solo después atraca en Yokohama.

— Perfecto. Entonces, trato hecho.

Eran las 15:10 h del 7 de noviembre cuando se izaron las velas y el valiente velero, que parecía participar en una carrera, partió de Hong Kong. A bordo, se acomodaban mister Fogg, misses Alda y el incansable Fix. Para no perder al sospechoso de vista, el agente había aceptado la invitación de navegar a lo largo de la costa, sin que Phileas Fogg ni siquiera desconfiase de sus intenciones. Mister Fogg todavía esperaba encontrar a Passepartout en la próxima escala de su viaje.

No pasó mucho tiempo antes de que el mar se revelase. La tormenta fue todavía más fuerte por la noche. El *Tankadère* enfrentaba valientemente olas altas y amenazantes. Las agujas del reloj también parecían querer revelarse, como si corrieran más rápido. Pasaron cuatro días agitados. El 11 de noviembre, cuando se acercaban al puerto de Shanghái, un barco se perfilaba en el horizonte como si anunciara que los planes de Phileas Fogg habían fracasado: ¡el *General-Grant* acababa de partir rumbo a América!

— ¡Bandera a media asta! ¡Fuego! — ordenó mister Fogg, sin perder tiempo.

El estallido provocado por el pequeño cañón se oyó a kilómetros de distancia. Mister Fogg sabía que, dentro de la convención náutica, esas señales servían para pedir socorro a otra embarcación. Era como si estuvieran en una situación de emergencia. Y, en cierto modo, lo estaban. Principalmente, el caballero

cavalheiro Phileas Fogg em sua incrível disputa ao redor da Terra.

O plano funcionou: minutos mais tarde, após ser resgatado do veleiro, o trio estava bem acomodado no barco a vapor americano, navegando para São Francisco, com escala em Yokohama. Fix não desgrudava de Phileas Fogg, que seguia reinando sobre o tempo, como se horas, minutos e segundos fossem seus súditos.

Após uma viagem sem incidentes, ao chegar ao porto japonês, mister Fogg e misses Alda desceram para tentar descobrir o paradeiro de Passepartout. Teria ficado em Hong Kong ou conseguira embarcar no *Carnatic*? Ao se dirigirem às autoridades, receberam uma boa notícia: o nome do francês constava na lista de passageiros! Mas como ele não estava mais a bordo, Phileas Fogg tratou logo de sair em busca de seu criado, tendo ido ao consulado francês e percorrido as ruas da cidade. Tudo em vão. Não havia nenhum sinal de Passepartout.

Sem mais nada a fazer, retomaram o caminho do porto. No entanto, pouco antes de embarcar com misses Alda, o acaso os levou a um espetáculo diante do *General-Grant*, onde puderam assistir à grande atração de acrobacia: uma pirâmide de homens narigudos com asas, que pareciam cartas de baralho.

A plateia aplaudia, entusiasmada, quando, ao som dos tambores, a pirâmide despencou.

Phileas Fogg en su increíble disputa alrededor de la tierra.

El plan funcionó: minutos más tarde, después de ser rescatados del velero, el trío estaba bien acomodado en el barco a vapor americano, navegando a San Francisco, con escala en Yokohama. Fix no se despegaba de Phileas Fogg, quien seguía reinando sobre el tiempo, como si las horas, los minutos y los segundos fueran sus súbditos.

Después de un viaje sin incidentes, al llegar al puerto japonés, mister Fogg y misses Alda bajaron para tratar de descubrir el paradero de Passepartout. ¿Se habría quedado en Hong Kong o habría podido embarcar en el *Carnatic*? Cuando se dirigieron a las autoridades, recibieron una buena noticia: ¡El nombre del francés estaba en la lista de pasajeros! Pero como ya no estaba a bordo, Phileas Fogg enseguida salió a buscar a su criado, visitando el consulado francés y recorriendo las calles de la ciudad. En vano. No había ni rastro de Passepartout.

Sin nada más que hacer, retornaron al puerto. Sin embargo, poco antes de embarcar con misses Alda, el azar los llevó a un espectáculo delante del *General-Grant*, donde asistieron a una gran atracción de acrobacia: una pirámide de hombres narigudos con alas, que parecían naipes de una baraja.

El público aplaudía, entusiasmado, cuando, al son de los tambores, la pirámide se

Pudera, um dos narigudos pulou diante de todos, aos gritos...

— Meu patrão! Meu patrão!

Mister Fogg e misses Alda reconheceram imediatamente Passepartout, enquanto dezenas de narigudos caíram por todos os lados, como se fosse um castelo de cartas desmoronando. Mais tarde entenderam o que havia acontecido: o criado, ao chegar ao Japão pelo *Carnatic*, procurara um emprego para conseguir dinheiro e dar um jeito de viajar no *General-Grant*, na esperança de reencontrá-los. Como se dizia um ás em acrobacias, foi contratado. Todavia, no momento mais importante do *show*, ele acabou caindo quase no colo do seu patrão!

Era 14 de novembro quando o trio subia no majestoso barco a vapor americano. Sem que percebessem, outro passageiro encontrava-se instalado a bordo: o incansável inspetor Fix.

desplomó. Claro, uno de los narigudos saltó delante de todos gritando…

— ¡Jefe! ¡Jefe!

Mister Fogg y misses Alda reconocieron inmediatamente a Passepartout, mientras decenas de narigudos caían por todos lados, como si fuese un castillo de naipes desmoronándose. Más tarde entendieron lo que había sucedido: el criado, al llegar a Japón en el *Carnatic*, buscó trabajo para ganar dinero y agenciárselas para viajar en el *General-Grant*, con la esperanza de volver a encontrarlos. Como era un as en acrobacias, fue contratado. Sin embargo, en el momento más importante del espectáculo, ¡casi se cae en el regazo de su patrón!

El 14 de noviembre el trío subía a bordo del majestuoso barco a vapor americano. Sin darse cuenta de que, otro pasajero, ya se había instalado a bordo: el incansable inspector Fix.

10

Travessia da América, uma longa Aventura sobre trilhos

APESAR DA VASTIDÃO DO MAIOR DOS OCEANOS, o Pacífico justificou o seu nome: o *General-Grant* fez a longa travessia de quase três semanas sem nenhum sobressalto. Com mais da metade da volta ao mundo percorrida, Phileas Fogg chegava em 3 de dezembro a São Francisco, na costa oeste americana, sem um só dia de atraso de acordo com seus cálculos.

Às 7h da manhã, quando tocaram o solo da Califórnia, mais uma trapalhada do criado francês. Passepartout, empolgado por chegar a um novo continente, não resistiu e exibiu-se com uma pirueta sobre o chão firme do porto. Para seu azar, o assoalho estava podre e ele afundou na madeira. A acrobacia logo se transformou na apresentação de um palhaço desengonçado!

Depois de tantos dias sobre as águas, agora eles teriam muito chão pela frente: para chegar a Nova York precisavam cruzar os Estados Unidos, numa longa aventura sobre trilhos. Como o trem para essa nova etapa só iniciava sua jornada à noite, tiveram tempo de passear e apreciar a cidade de São Francisco. Ficaram abismados com suas ruas largas, casas baixas, precisamente alinhadas, seus curiosos bondes puxados por cavalos, armazéns gigantes que pareciam palácios e calçadas apinhadas de gente de todos os cantos do mundo.

Mister Fogg dirigiu-se ao consulado para carimbar seu passaporte e lá encontrou Fix. Qualquer pessoa estranharia a presença do detetive, mas Phileas Fogg não esboçou qualquer reação. Nem um piscar de olhos. Já o agente, fingindo-se surpreso de encontrá-los

Travesía en América, una larga Aventura sobre raíles

A PESAR DE LA INMENSIDAD DEL MAYOR DE LOS OCÉANOS, el Pacífico justificó su nombre: el *General-Grant* hizo la larga travesía de casi tres semanas sin ningún sobresalto. Con más de la mitad de la vuelta al mundo recorrida, Phileas Fogg llegaba el 3 de diciembre a San Francisco, en la costa oeste americana, sin ningún día de atraso según sus cálculos.

A las 7 de la mañana, cuando pisaron el suelo de California, el criado francés dio otro traspié. Passepartout, emocionado por llegar a un nuevo continente, no se resistió e hizo una pirueta sobre el firme suelo del puerto. Para su mala suerte, el piso estaba podrido y se hundió en la madera. ¡La acrobacia pronto se convirtió en la presentación de un payaso desgarbado!

Después de tantos días en alta mar, ahora tendrían mucha tierra por delante: para llegar a Nueva York necesitaban cruzar los Estados Unidos, en una larga aventura sobre raíles. Como el tren que los llevaría en esta nueva etapa solo saldría por la noche, tuvieron tiempo para caminar y disfrutar de la ciudad de San Francisco. Se sorprendieron a causa de sus calles anchas, sus casas bajas, alineadas con precisión, sus curiosos tranvías movidos por caballos, gigantescos almacenes que parecían palacios y aceras llenas de gente de todos los rincones del mundo.

El señor Fogg se dirigió al consulado para sellar su pasaporte y allí encontró a Fix. Cualquiera extrañaría la presencia del detective, pero Phileas Fogg ni se inmutó. Ni parpadeó. El agente, por su parte, fingiendo sorprenderse

ali, ofereceu-se para acompanhá-los mais uma vez. Afinal, como estavam em território que não era britânico, seria ainda mais difícil prender o homem que ele julgava ser um grande assaltante. Restava-lhe garantir que mister Fogg, de fato, voltaria à Inglaterra. Por sua vez, Passepartout pensou em dar uma surra no policial, o responsável por ele ter se perdido em Hong Kong. Pudera, Fix o enfiara no meio de um labirinto e depois o deixara só. Todavia, com medo de causar problemas para o patrão, resolveu ficar quieto.

Eram 5h45 da tarde quando pisaram na plataforma da estação de Oakland, ponto de partida de uma longa aventura país adentro. Exatamente quinze minutos mais tarde, a locomotiva deu um apito estridente e disparou em direção ao leste. "Oceano a Oceano", esse era o nome da linha férrea de cerca de seis mil quilômetros que unia de ponta a ponta os Estados Unidos da América. Num passado não distante, para ir de costa a costa, levavam-se pelo menos seis meses. Agora, com a ferrovia, dividida em três trechos, bastavam sete dias. Esse prazo convinha ao inglês: daria tempo de

de encontrarlos allí, se ofreció a acompañarlos una vez más. En verdad, como estaban en territorio que no era británico, sería aún más difícil arrestar al hombre que tenía por un gran asaltante. Solo podía asegurarse de que mister Fogg regresara a Inglaterra. Si por él hubiera sido, Passepartout le habría dado una buena paliza al oficial de policía, la persona que tenía la culpa de que él se hubiese perdido en Hong Kong. Claro, Fix lo introdujo en un laberinto y después lo dejó solo. A pesar de todo, por miedo a causarle más problemas a su jefe, el criado decidió no hacer nada.

Eran las 17:45 h cuando llegaron a la plataforma de la estación de Oakland, punto de partida de una larga aventura en el interior del país. Exactamente quince minutos más tarde, la locomotora pitó estruendosamente y enfiló hacia el este. "De Océano a Océano", ese era el nombre de la línea del ferrocarril de unos seis mil kilómetros que unía de punta a punta los Estados Unidos de América. En un pasado no lejano, para ir de costa a costa, se tardaba por lo menos seis meses. Ahora, con el ferrocarril, dividido en tres tramos, bastaban solo siete

chegar a Nova York e pegar o navio que o levaria a Liverpool, em 11 de dezembro.

A locomotiva tomou seu curso pela linha férrea rumo a Ogden, no estado de Utah, primeiro dos três trechos a serem percorridos. O trem avançava serpenteando pelos flancos das montanhas. Por vezes, passava à beira de precipícios, mas não perdia o fôlego, misturando o som do seu apito e seus mugidos ao das cachoeiras e rios caudalosos.

De repente, um outro mugido vindo de fora chamou a atenção dos passageiros. Aliás, não era um, eram muitos mugidos. Sim, milhares de bisões, talvez dez mil, acompanhavam o deslocamento do trem que, poucos minutos adiante, parou. Estavam nas pradarias do estado de Nevada, onde os ruminantes chegavam a formar verdadeiras correntes móveis que podiam bloquear as vias férreas. E justamente naquele dia a corrente bovina barrou os caminhos de mister Fogg.

Da janela de seu vagão, Passepartout, cada vez mais envolvido com a aventura de seu patrão, assistia a tudo impacientemente. O agitado francês xingava os animais, os Estados Unidos e o maquinista que conduzia a locomotiva:

— Que país é este onde animais param as máquinas? Por que o condutor não avança sobre eles? Que perda de tempo!

Do seu assento, Phileas Fogg aguardava calmamente o desfile dos bisões, que parecia não ter fim e poderia prejudicar seus planos. Ele não se aborrecia. Mas será que ele conseguiria recuperar aquele atraso ao longo do percurso até Nova York? Os navios podiam ser ajudados por ventos favoráveis. Os trens, não. Haveria alguma forma de acelerar e ganhar tempo?

días. Este transcurso convenía al inglés: le daría tiempo de llegar a Nueva York y tomar el barco que lo llevaría a Liverpool el 11 de diciembre.

La locomotora inició su curso a lo largo de la línea férrea rumbo a Ogden, en el estado de Utah, el primero de los tres tramos que debería cubrir. El tren avanzaba serpenteando las laderas de las montañas. A veces, pasaba al borde de precipicios sin perder velocidad, mezclando el sonido de su silbato y su estruendo al de las cascadas y ríos caudalosos.

De repente, otro estruendo que venía de fuera llamó la atención de los pasajeros. De hecho, no era solo uno, eran muchos. Sí, millares de bisontes, tal vez diez mil, acompañaban el desplazamiento del tren que, unos minutos después, se detuvo. Estaban en las praderas del estado de Nevada, donde los rumiantes llegaban a formar verdaderas cadenas móviles que podían bloquear las vías férreas. Y precisamente ese día, la cadena bovina bloqueó el camino de mister Fogg.

Desde la ventana de su vagón, Passepartout, cada vez más involucrado con la aventura de su patrón, observaba todo con impaciencia. El inquieto francés maldecía a los animales, a los Estados Unidos y al maquinista que conducía la locomotora:

— ¿Qué país es este en el que los animales detienen las máquinas? ¿Por qué el maquinista no los atropella? ¡Qué pérdida de tiempo!

Desde su asiento, Phileas Fogg observaba tranquilamente el desfile de los bisontes, que parecía no tener fin y que podía perjudicar sus planes. Él no se molestaba. Pero ¿conseguiría recuperar este retraso en su camino hasta Nueva York? Los barcos podían navegar más rápido gracias a vientos favorables. Los trenes, no. ¿Habría alguna manera de acelerar y ganar tiempo?

11

A neve pode congelar os planos de Phileas Fogg

APÓS TRÊS CANSATIVAS HORAS DE ESPERA, o trem retomou viagem noite adentro. No dia seguinte, já em 6 de dezembro, descerem na estação de Ogden, onde aproveitaram para passear um pouco. A partida para Omaha, no coração do país e destino do segundo trecho da longa travessia pelos Estados Unidos, só ocorreria no final da tarde. Ogden seguia o padrão das cidades americanas, parecendo um grande tabuleiro de xadrez, com suas longas linhas retas. Fix, fingindo ser um verdadeiro companheiro de aventura, andava colado em Phileas Fogg.

A travessia pelo estado de Utah ocorreu sem mais incidentes. Nem mesmo a neve retardava a marcha da locomotiva. Mas, de repente, ela parou. Agora não eram os animais que os impediam...

— Não há como passar! A ponte de Medicine Bow está avariada e não suportará o peso do trem — anunciou um guarda ferroviário.

Teriam de seguir a pé até a próxima estação, o que significava caminhar seis horas pela neve! A notícia deixou muitos passageiros revoltados e logo uma gritaria ecoou ao longo da linha férrea até que...

— Tenho uma solução! — esbravejou o maquinista. — Se a locomotiva, com seus vagões, tomar uma boa distância e arrancar em alta velocidade, temos chances de cruzar a ponte. Acredito que a velocidade vai compensar o peso, pois diminui a pressão sobre a estrutura danificada.

Os receios dos passageiros sobre o perigo daquela sugestão maluca diminuíram à medida que crescia o desejo de sair daquele lugar gélido e de cada um alcançar logo o seu

La nieve puede congelar los planes de Phileas Fogg

DESPUÉS DE TRES HORAS AGOTADORAS DE ESPERA, el tren reanudó el viaje ya entrada la noche. Al día siguiente, el 6 de diciembre, llegaron a la estación de Ogden, donde aprovecharon para pasear un poco. La salida para Omaha, en el corazón del país y destino del segundo tramo de la larga travesía por los Estados Unidos, ocurriría solo a última hora de la tarde. Ogden seguía el patrón de las ciudades americanas. Parecía un gran tablero de ajedrez, con sus largas líneas rectas. Fix, fingiendo ser un verdadero compañero de aventuras, andaba pegado a Phileas Fogg.

La travesía por el estado de Utah transcurrió sin mayores incidentes. Ni siquiera la nieve retrasaba la marcha de la locomotora. Pero de repente, se detuvo. Ahora no eran los animales los culpables…

— ¡No hay manera! El puente de Medicine Bow está roto y no soportará el peso del tren — anunció un guardia ferroviario.

¡Tendrían que seguir a pie hasta la siguiente estación, lo que significaba caminar seis horas por la nieve! La noticia sentó fatal a muchos pasajeros y, poco después, um griterío resonó a lo largo de la línea férrea hasta que...

— ¡Tengo una solución! – exclamó el maquinista. — Si la locomotora, con sus vagones, toma una buena distancia y arranca a alta velocidad, existirá la posibilidad de cruzar el puente. Creo que la velocidad compensará el peso reduciendo así la presión sobre la estructura dañada.

Los temores de los pasajeros sobre el peligro de esa loca proposición disminuían a medida que aumentaba el deseo de abandonar ese gélido lugar y cada uno de ellos poder llegar a

destino. Todos retornaram aos seus lugares, a locomotiva recuou dois quilômetros e então, como um touro enfurecido, arrancou, atingindo uma velocidade de cento e cinquenta quilômetros por hora! Como um relâmpago, o trem foi de uma margem à outra do rio e só conseguiu parar oito quilômetros mais à frente. No entanto, assim que o último vagão passou pela ponte, ela despencou em pedaços nas corredeiras do rio Medicine Bow.

Os sustos não terminariam ali. Muito pelo contrário, eles acompanhariam os viajantes pelos trilhos do estado de Nebraska. O maior deles foi um aterrorizante ataque de saqueadores, que planejavam roubar a carga e os

su destino. Todos regresaron a sus asientos, la locomotora echó marcha atrás casi dos kilómetros y entonces, como un toro enfurecido, arrancó alcanzando una velocidad de ¡ciento cincuenta kilómetros por hora! Como un rayo, el tren fue de un lado a otro del río y solo consiguió parar ocho kilómetros más adelante. Sin embargo, tan pronto como el último vagón atravesó el puente, este se desplomó en pedazos en los rápidos del río Medicine Bow.

Los sobresaltos no acabarían ahí. Muy por el contrario, acompañarían a los viajeros por las vías del estado de Nebraska. El mayor de ellos, fue un aterrador ataque de saqueadores, que planeaban robar la carga y pertenencias

pertences dos passageiros. Montados a cavalo, eles surgiram em bandos dos dois lados da ferrovia e tentaram subir nos vagões em movimento. Em meio a tiros e a uma chuva de pedras, a locomotiva, valente, conseguiu manter o seu curso. No entanto, com muitos passageiros feridos e as composições danificadas, não restou alternativa ao maquinista senão parar em Forte Kearney.

Por sorte, Phileas Fogg e seus companheiros de viagem não haviam sofrido qualquer lesão. Os planos do cavalheiro inglês é que sofreriam um grande revés: com tantos contratempos, somente teriam um trem para levá-los até Omaha no dia seguinte!

Com um atraso de vinte horas, Phileas Fogg parecia não ter como chegar a Nova York a tempo de embarcar no navio que o conduziria de volta à Inglaterra. Mal sabia como ir até Omaha! Ficou imobilizado no meio do caminho. Misses Alda estava inconsolável. Passepartout também temia pela sorte do seu patrão. A neve não derretia. Os ventos sopravam com força. Todavia, seriam esses mesmos ventos que poderiam salvar os planos do sereno cavalheiro inglês. Fix, que desejava chegar logo a Londres para poder prender seu suspeito, veio com uma solução surpreendente. Para os dias em que as locomotivas com seus vagões não podiam passar pelas vias congeladas, um morador de Forte Kearney, chamado Mudge, havia inventado um meio de transporte muito estranho: um trenó a vela!

Mister Fogg rapidamente contratou o curioso veículo e, em poucos minutos, deixaram a pequena estação ao lado do forte. As planícies pareciam um enorme tapete de gelo por onde o trenó deslizava com facilidade, comandado pelo seu ágil piloto. Nem mesmo lobos famintos, que corriam desvairados atrás da nave, conseguiam alcançá-los. Finalmente

de los pasajeros. Montados a caballo, aparecieron en bandas a ambos lados de la vía del tren y trataron de entrar en los vagones en movimiento. En medio de disparos y de una lluvia de piedras, la locomotora, valiente, logró mantener su rumbo. Sin embargo, con muchos pasajeros heridos y algunos vagones dañados, el maquinista se vio obligado a parar en Forte Kearney.

Afortunadamente, Phileas Fogg y sus compañeros de viaje no estaban heridos. En cambio, los planes del caballero inglés sí que sufrirían un gran revés: con tantos contratiempos, ¡solo saldría un tren para llevarlos a Omaha al día siguiente!

Con un atraso de veinte horas, Phileas Fogg parecía que no llegaría a tiempo a Nueva York para subir al barco que lo llevaría de vuelta a Inglaterra ¡No sabía cómo llegar a Omaha! Se quedó inmovilizado en medio del camino. Misses Alda estaba inconsolable. Passepartout también temía la suerte de su jefe. La nieve no se derretía. El viento soplaba con fuerza. Pero, sería ese fuerte viento el que salvaría los planes del tranquilo caballero inglés. Fix, que quería llegar cuanto antes a Londres para poder arrestar a su sospechoso, encontró una solución increíble. Durante los días en que las locomotoras con los vagones no podían circular por las vías congeladas, un residente de Forte Kearney, llamado Mudge, había inventado un medio de transporte muy extraño: ¡un trineo a vela!

Mister Fogg alquiló rápidamente el curioso vehículo, y en unos pocos minutos, salió de la pequeña estación al lado del fuerte. Las llanuras parecían una enorme alfombra de hielo por donde el trineo se deslizaba con facilidad, dirigido por su ágil piloto. Ni siquiera los lobos hambrientos, que corrían salvajemente detrás de la nave, lograban alcanzarlos. Por

chegaram a Omaha. Lá tiveram apenas tempo de se jogar dentro de um vagão do trem em movimento, que os conduziria até Chicago.

No dia seguinte, em 10 de dezembro, às 4h da tarde, após passarem pelo estado de Iowa com uma rapidez impressionante, estavam na gigantesca estação da principal cidade do estado de Illinois. De Chicago havia linhas para todos os cantos e, com isso, mister Fogg não teve problemas para conseguir uma baldeação com destino imediato até Nova York.

A possante locomotiva, como se soubesse da pressa do seu ilustre passageiro, atravessou como um raio os estados de Indiana, Ohio, Pensilvânia e Nova Jersey. Já era tarde da noite de 11 de dezembro quando avistaram o rio Hudson delineando a famosa cidade dos Estados Unidos. Às 11h15 pisaram na estação de Nova York, em frente ao cais de onde partiam as embarcações rumo à Europa. Mas...

O barco a vapor *China* zarpara rumo a Liverpool havia quarenta e cinco minutos!

fin llegaron a Omaha. Allí solo tuvieron tiempo para alcanzar un vagón de tren en movimiento que los llevaría hasta Chicago. Al día siguiente, el 10 de diciembre, a las 16:00 h, después de atravesar el estado de Iowa con una velocidad impresionante, llegaban a la gigantesca estación de la principal ciudad del estado de Illinois. Desde Chicago había líneas para todos los rincones y, por eso, mister Fogg no tuvo ningún problema para conseguir un transbordo con destino inmediato a Nueva York.

La poderosa locomotora, como si supiera la prisa que tenía su ilustre pasajero, atravesó como un rayo los estados de Indiana, Ohio, Pennsylvania y Nueva Jersey. Ya muy entrada la noche del 11 de diciembre, vieron el río Hudson que perfilaba la famosa ciudad de los Estados Unidos. A las 23.15 h, llegaron a la estación de Nueva York, frente a los muelles desde donde salían los barcos rumbo a Europa. Pero...

¡El barco a vapor *China* había partido rumbo a Liverpool hacía cuarenta cinco minutos!

12 A emocionante travessia do oceano Atlântico

O NAVIO *CHINA* PARECIA TER LEVADO AS ÚLTIMAS ESPERANÇAS DE PHILEAS FOGG. De fato, não havia mais nenhum barco de passageiros para a Europa nas próximas horas. O tempo parecia ter se voltado contra o cavalheiro. Ele, sem fazer sequer algum gesto de preocupação, apenas decidiu que deveriam ter uma boa noite de sono num hotel.

Na manhã seguinte, mister Fogg saiu sozinho em direção ao porto. Eram 7h de 12 de dezembro. No dia 21, às 8h45 da noite ele deveria estar do outro lado do oceano Atlântico, mais precisamente no Reform Club, em Londres. Restavam, portanto, apenas nove dias, treze horas e quarenta e cinco minutos. Se tivesse embarcado no *China*, teria todas as condições de chegar no horário desejado. As batidas do ponteiro do relógio não davam trégua e só foram abafadas pelo apito de um barco cargueiro, que estava prestes a partir. Seu nome: *Henrietta*. Destino: Bordeaux, na França. Seu capitão, de nome Speedy, fazia os preparativos finais.

Após uma negociação que parecia não ter fim, Phileas Fogg acertara com o capitão Speedy de ir até... A França! Opa, França? Mas não tinham de ir até a Inglaterra? Essa foi a pergunta que atormentaria por algumas horas o trio que acompanhava o decidido membro do Reform Club. Não demoraria para entenderem quais eram seus planos.

Eram 9h, ou seja, pouco tempo depois, quando mister Fogg, misses Alda, Passepartout e o inspetor Fix encontravam-se nas acanhadas instalações do *Henrietta*.

A viagem e o oceano imprevisível prometiam reviravoltas. Na manhã seguinte, a

La emocionante travesía del océano Atlántico

EL BARCO *CHINA* PARECÍA HABERSE LLEVADO LAS ÚLTIMAS ESPERANZAS DE PHILEAS FOGG. De hecho, no saldrían más barcos de pasajeros para Europa en las siguientes horas. El tiempo parecía haberse vuelto en contra del caballero. Él, sin ni siquiera mostrar ningún gesto de preocupación, decidió que deberían tener una buena noche de sueño en un hotel.

A la mañana siguiente, el señor Fogg salió solo en dirección al puerto. Eran las 7:00 h de la mañana del 12 de diciembre. El día 21, a las 20:45 h, debía estar al otro lado del océano Atlántico, más concretamente en el Reform Club de Londres. Quedaban, pues, únicamente nueve días, trece horas y cuarenta y cinco minutos. Si hubiese embarcado en el *China*, podría llegar a la hora deseada. El tic tac del reloj no daba tregua y solo dejó de escucharse con nitidez cuando sonó el silbato de un carguero, que estaba a punto de partir. Su nombre: *Henrietta*. Destino: Burdeos, Francia. Su capitán, llamado Speedy, estaba con los preparativos finales.

Tras una negociación que parecía no tener fin, Phileas Fogg llegó a un acuerdo con el capitán Speedy para ir a... ¡Francia! ¿Vaya, Francia? ¿Pero no tenían que ir a Inglaterra? Esta fue la pregunta que se hicieron, durante algunas horas, el trío que acompañaba al decidido miembro del Reform Club. No tardarían en descubrir cuáles eran sus verdaderos planes.

A las 9:00 h en punto, es decir, poco tiempo después, mister Fogg, misses Alda, Passepartout y el Inspector Fix se habían instalado a bordo del *Henrietta*.

El viaje y el océano impredecible anunciaban cambios radicales. A la mañana siguiente,

primeira delas aconteceu. Adivinhe quem apareceu no comando do navio, como novo capitão...

Nada menos do que Phileas Fogg! O novo destino: Liverpool! O capitão Speedy fora trancado a sete chaves num aposento e, dali, só era possível escutar gritos e palavrões. A tripulação, cansada dos maus-tratos do velho marujo, passou a obedecer ao decidido cavalheiro inglês.

Os primeiros dias de travessia do oceano Atlântico foram tranquilos. Tudo parecia conspirar a favor do frio e calculista inglês. Fix já não entendia mais nada e só lhe restava aguardar. No seu canto, misses Alda estava cada vez mais encantada com as proezas de mister Fogg. E Passepartout, bem, esse integrou-se à tripulação de amotinados e ajudava nas tarefas de bordo.

A partir de 13 de dezembro, ao passar pela Terra Nova, o oceano acordou e deu seu sinal de rebeldia. Um temporal interminável retardou o avanço do *Henrietta*, que necessitou recolher as velas e avançar somente com a força dos motores movidos a carvão. No entanto, para enfrentar ondas altas e seguir com força, necessitavam de muito combustível. Em pouco tempo, o precioso carvão acabou.

Não restou outra escolha ao capitão senão queimar tudo o que estivesse a bordo para

sucedió el primero de ellos. Adivinad quién apareció al mando del barco como nuevo capitán...

¡Nada menos que Phileas Fogg! El nuevo destino: ¡Liverpool! El capitán Speedy había sido encerrado en un camarote y, desde allí, solo era posible escuchar gritos y palabrotas. La tripulación, cansada del maltrato del viejo marinero, comenzó a obedecer al decidido caballero inglés.

Los primeros días de travesía por el océano Atlántico fueron tranquilos. Todo parecía conspirar a favor del frío y calculador inglés. Fix ya no entendía nada y lo único que podía hacer era esperar. Por su parte, Misses Alda estaba cada vez más encantada con las hazañas de mister Fogg. Y Passepartout, en fin, se unió a la tripulación de amotinados y comenzó a ayudar en las tareas de a bordo.

A partir del 13 de diciembre, a su paso por Terranova, el océano se despertó y dio su señal de rebelión. Un temporal interminable retrasó el avance del *Henrietta*, lo que obligó a recoger las velas y avanzar solo con la fuerza de los motores cuyo combustible era carbón. Sin embargo, para hacer frente a las grandes olas y seguir con fuerza, necesitaban mucho combustible. En poco de tiempo, el preciado carbón se había acabado.

El capitán no tuvo más remedio que quemar todo lo que había a bordo para transformarlo

transformar em carvão: armários, camas, barris, cortinas, divisórias, cadeiras e o que sobrou do convés. Mas ele só fez isso com a aprovação do dono do *Henrietta*, que foi finalmente libertado. Em troca, mister Fogg resolveu pagar uma fortuna pelo barco. Com isso, mantinha acesas suas esperanças de completar a volta ao mundo no prazo fixado.

Enquanto o tempo lá de fora não sossegava, o do relógio também parecia não dar trégua. Pelas contas, Phileas Fogg percebeu que não ancoraria em Liverpool na data desejada. Afinal, eram 10h da noite de 20 de dezembro e mal tinham alcançado a costa da ilha da Irlanda, que ficava ao longo da rota até a Inglaterra. Havia ainda muito mar pela frente e, além disso, ele tinha dúvidas se o barco, que parecia uma fogueira flutuante, conseguiria resistir ao longo desse trajeto.

De repente, em meio à escuridão, como sinais salvadores, surgiram luzes no horizonte. O capitão Speedy anunciou que estavam próximos ao porto de Queenstown, na costa irlandesa. Ao saber que havia uma linha férrea que ligava aquela cidade até a capital, do outro lado da ilha, Phileas Fogg fez vários cálculos e concluiu que ganharia um tempo precioso cortando o caminho por terra.

Seguido pelos companheiros de viagem, desembarcou rapidamente no porto e em poucos minutos pegaram o trem que ligava Queenstown a Dublin. Então, da capital da Irlanda, conseguiram alcançar um dos rápidos barcos a vapor que a ligavam a Liverpool.

Eram 11h40 da manhã de 21 de dezembro quando Phileas Fogg finalmente pisou em solo inglês. Estava em Liverpool, a poucas horas de Londres. No entanto, naquele momento, o inspetor Fix aproximou-se dele e, seguindo a tradição britânica, colocou a mão no

en carbón: armarios, camas, barriles, cortinas, tabiques, sillas y lo que quedaba de la cubierta. Pero solo lo hizo con la aprobación del propietario del *Henrietta*, quien fue finalmente liberado. A cambio, mister Fogg decidió pagar una fortuna por la embarcación. De esta forma, se mantenían sus esperanzas de completar la vuelta al mundo a tiempo.

Mientras que el tiempo fuera no se calmaba, el reloj tampoco parecía dar tregua. Según sus cálculos, Phileas Fogg se dio cuenta que no llegaría a Liverpool en la fecha deseada. A fin de cuentas, eran las 10 de la noche del 20 de diciembre y no habían llegado todavía a la costa de la isla de Irlanda, que se encontraba en la ruta hacia Inglaterra. Todavía quedaba mucho mar por delante y, además, dudaba que el barco, que parecía una hoguera flotante, pudiese soportar el viaje.

De repente, en medio de la oscuridad, como señales de salvación, aparecieron unas luces en el horizonte. El capitán Speedy anunció que estaban cerca del puerto de Queenstown, en la costa irlandesa. Cuando supo que había un tren que unía esa ciudad a la capital, al otro lado de la isla, Phileas Fogg hizo varios cálculos y concluyó que ganaría un tiempo precioso haciendo el trayecto por tierra.

Seguido por sus compañeros de viaje, desembarcó rápidamente en el puerto y en pocos minutos tomaron el tren que unía Queenstown con Dublín. Luego, desde la capital de Irlanda, conseguirían tomar uno de los rápidos barcos a vapor que la conectaban con Liverpool.

Eran las 11:40 h del 21 de diciembre cuando Phileas Fogg finalmente pisó suelo inglés. Se encontraba en Liverpool, a unas horas de Londres. Sin embargo, en ese momento, el inspector Fix se acercó y, siguiendo la tradición

ombro de mister Fogg e perguntou, enquanto exibia seu tão sonhado mandado:

— Você é mesmo Phileas Fogg?

— Sim, senhor!

— Em nome da rainha, você está preso!

británica, puso la mano en el hombro de mister Fogg y preguntó, mientras mostraba por fin su orden de arresto:

— ¿Usted es verdaderamente Phileas Fogg?

— ¡Sí, señor!

— ¡En nombre de la reina, está bajo arresto!

Final de linha para Phileas Fogg?

PHILEAS FOGG ESTAVA PRESO. O cavalheiro fora detido na alfândega de Liverpool, onde ele deveria passar o resto do dia. Passepartout não conseguiu se conter e partiu para cima do inspetor traiçoeiro. Queria arrancar todos os fios do seu cabelo, do seu bigode, da sua barba... Mas ele é que foi arrancado dali por dois policiais. Misses Alda, indignada, protestou, mas de nada adiantou. Quanto ao inspetor Fix, ele havia cumprido sua missão, fosse mister Fogg culpado ou não. Caberia à justiça decidir.

Phileas Fogg, sentado num solitário banco de madeira da sua cela, observava imóvel seu relógio sobre a mesa. Ele, que até então controlara o tempo, agora sentia como se os ponteiros dos segundos lhe escapassem, levando com eles suas chances de ganhar a aposta. O sino da catedral badalou com força, como se estivesse anunciando sua derrota.

Às 2h33 da tarde, a porta da sua cela foi aberta com um estrondo. Misses Alda, Passepartout e Fix entraram, agitados. O inspetor, ofegante, informou-o:

— Senhor, perdão... Uma coincidência inacreditável... O verdadeiro ladrão do banco... Inglaterra... encontrado e preso. O senhor... livre!

Pela primeira vez, mister Fogg mostrou alguma alteração de humor e desferiu um soco no rosto do inspetor.

— Golpe perfeito! — exclamou Passepartout, com sentimento de vingança.

Mister Fogg, sem deixar que mais um só segundo lhe fugisse das mãos, recolheu seu relógio e praticamente atirou-se num táxi que o

¿Última parada para Phileas Fogg?

PHILEAS FOGG HABÍA SIDO ARRESTADO. El caballero había sido detenido en la aduana de Liverpool, donde debería pasar el resto del día. Passepartout no pudo contenerse y se abalanzó sobre el traicionero inspector. Quería arrancarle todos los pelos del cabello, del bigote, de la barba... Pero fue a él a quien arrancaron de ahí dos policías. Misses Alda, indignada, protestaba, pero sin éxito. En cuanto al inspector Fix, había cumplido su misión, ya fuera Fogg culpable o inocente. Eso lo debería decidir la justicia.

Phileas Fogg, sentado sobre un vacío banco de madera de su celda, miraba inmóvil su reloj que estaba sobre la mesa. Él, que hasta entonces había controlado el tiempo, sentía en ese momento que se le escapaba el segundero del reloj, llevándose también sus posibilidades de ganar la apuesta. La campana de la catedral sonó con fuerza, como anunciando su derrota.

A las 14:33 h, la puerta de su celda se abrió con un estruendo. Misses Alda, Passepartout y Fix entraron, agitados. El inspector, jadeando, le informó:

— Señor, perdón... Una coincidencia increíble... El verdadero ladrón de bancos... Inglaterra... encontrado y arrestado. ¡El señor... libre!

Por primera vez, mister Fogg perdió la calma y le golpeó en la cara al inspector.

— ¡Golpe perfecto! Exclamó Passepartout, de forma vengativa.

Mister Fogg, sin dejar escapar de sus manos ni un segundo más, se colocó su reloj y prácticamente se lanzó a un taxi que lo llevaría, en compañía de la joven y su fiel criado, hasta la estación. Como el expreso para Londres ya se

levaria, com a jovem e o fiel criado, até a estação. Como o expresso para Londres já havia partido, ele precisou contratar um trem especial e, às 3h da tarde, arrancaram em direção à capital. Mas a sorte parecia querer sair dos trilhos. Ao longo do percurso, por várias vezes, a locomotiva teve de reduzir sua velocidade ou até mesmo parar. Chegaram à estação central quando todos os relógios de Londres marcavam 8h50 da noite, cinco minutos depois que o cavalheiro deveria ter se apresentado no Reform Club. Phileas Fogg havia perdido sua aposta!

Ao longo do dia seguinte, a casa número 7 de Saville Row parecia vazia. Nenhum barulho foi escutado. Nenhuma luz foi acesa. Nem seu morador Phileas Fogg, nem sua nobre hóspede e nem mesmo Passepartout davam qualquer sinal de vida. Passaram o dia inteiro recolhidos e estáticos, como se fossem parte do mobiliário, sem acreditarem em tamanha falta de sorte.

Derrotado! Era o sentimento de Phileas Fogg. Após ter percorrido um longo percurso ao redor do mundo, ter superado incontáveis obstáculos, enfrentado mil perigos e ainda ter feito boas ações pelo caminho, após tudo isso... Havia perdido aquela grande disputa contra o tempo. Ele ainda gastara boa parte do seu dinheiro para fazer a viagem. E com o pagamento da aposta, pouco lhe restaria. Mais do que derrotado, ele estava arruinado! Não via necessidade nem de se apresentar, atrasado, diante dos colegas do Reform Club. Havia perdido. Era só pagar a aposta no banco. Só isso e nada mais. Era o seu fim.

Aquele triste e escuro domingo só ganharia um brilho ao final da tarde quando mister Fogg foi até o quarto reservado a misses Alda para uma conversa particular.

había ido, tuvo que contratar un tren especial y, a las 15:00 h, partieron en dirección a la capital. Pero la suerte parecía querer salir de los raíles. En el camino, varias veces, la locomotora tuvo que frenar e incluso parar. Llegaron a la estación central cuando todos los relojes de Londres marcaban las 20:50 h, cinco minutos después de la hora en que el caballero debería haberse presentado en el Reform Club. ¡Phileas Fogg había perdido la apuesta!

Al día siguiente, la casa de la calle número 7 de Saville Row parecía vacía. No se escuchaba ningún ruido. No había luces encendidas. Ni su residente Phileas Fogg, ni su noble invitada, ni siquiera Passepartout daban señales de vida. Pasaron todo el día recogidos y quietos, como si fuesen parte del mobiliario, sin poder creer en su mala suerte.

¡Derrotado! Era como se sentía Phileas Fogg. Después de realizar un largo viaje alrededor del mundo, superar innumerables obstáculos, enfrentar mil peligros e incluso haber hecho buenas acciones en el camino, después de todo eso... Había perdido esa gran batalla contra el tiempo. Además, había gastado la mayor parte de su dinero haciendo ese viaje. Y con el pago de la apuesta, le quedaría muy poco. Más que vencido, ¡estaba arruinado! Pensaba que no era necesario presentarse, atrasado, delante de los colegas del Reform Club. Había perdido. Solo tenía que pagar la apuesta en el banco. Solo eso y nada más. Era su fin.

Ese triste y oscuro domingo solo ganaría un brillo especial al final de la tarde cuando mister Fogg fue hasta la habitación reservada para misses Alda con el fin de tener una conversación privada.

— Perdão, misses Alda, por ter lhe trazido à Inglaterra — disse após um longo silêncio. — Permita, senhora, que eu lhe acolha aqui e, com o pouco que me resta, procure lhe dar uma existência digna?

— Mister Fogg — disse misses Alda, olhando nos olhos e segurando firmemente uma das mãos do homem que salvara sua vida. — O senhor mostrou mais do que valentia. O seu coração é muito generoso e me conquistou. Desejo ser sua esposa. Quer se casar comigo?

— Sim, eu te amo! — respondeu Phileas Fogg. — Eu te amo mais do que tudo o que existe neste mundo!

Passepartout foi então chamado. Ao entrar no aposento, seu patrão lhe ordenou que ele procurasse o reverendo Samuel Wilson imediatamente na paróquia de Mary-le-Bone. Ele queria que o religioso realizasse uma simples cerimônia de casamento na segunda-feira.

— Para amanhã? — perguntou voltando-se para misses Alda.

— Sim, para amanhã, segunda-feira! — confirmou a jovem.

— Perdón, misses Alda, por haberle traído a Inglaterra — dijo después de un largo silencio. — Permítame, señora, darle un hogar y con lo poco que me resta, tratar de darle una existencia digna.

— Mister Fogg — dijo misses Alda, mirándolo a los ojos y sosteniendo con firmeza una de las manos del hombre que le había salvado la vida. — El señor es mucho más que una persona valiente. Su corazón es muy generoso y me conquistó. Deseo ser su esposa ¿Quiere casarse conmigo?

— ¡Sí, te amo! Respondió Phileas Fogg. ¡Te amo más que a todas las cosas que existen en este mundo!

Enseguida llamaron a Passepartout. Al entrar en la habitación, su jefe le ordenó buscar al reverendo Samuel Wilson inmediatamente en la parroquia de Mary-le-Bone. Quería que el sacerdote celebrase una sencilla ceremonia de boda el lunes.

— ¿Mañana? — preguntó dirigiéndose a misses Alda.

— ¡Sí, mañana, el lunes! – confirmó la joven.

Passepartout então saiu em disparada pelas ruas já às escuras de Londres para logo chegar à paróquia.

Meio atrapalhado, disse ao reverendo Samuel Wilson o que lhe ordenaram fazer.

— Preciso que o senhor celebre um casamento amanhã.

O reverendo olhou para Passepartout espantado e disse:

— A celebração não pode ser realizada amanhã, jovem!

— Por quê? Amanhã é segunda-feira!

— Não, senhor, amanhã é domingo!

O jovem francês quase caiu sentado. Difícil acreditar, mas mister Fogg havia errado seus cálculos em um dia e haviam chegado vinte e quatro horas antes do prazo!

Passepartout voltou para casa como uma locomotiva, atravessando e atropelando tudo o que viu pela frente. Quando chegou ao número 7 da Saville Row, já fazia quase um dia que eles haviam desembarcado na estação principal de Londres. Agora eram 8h35 da noite: faltavam somente dez minutos para o relógio marcar 8h45, prazo que seu patrão se comprometera a pisar no Reform Club.

Phileas Fogg só teve tempo de pegar sua cartola e puxar misses Alda pelos braços. No caminho, encontraram um táxi puxado a cavalo, que estava sendo consertado pelo seu cocheiro.

Passepartout salió disparado por las calles ya oscuras de Londres hasta la parroquia.

Medio entrecortado, le dijo al reverendo Samuel Wilson lo que le habían ordenado hacer.

— Necesito que usted celebre una boda mañana.

— El reverendo miró asombrado a Passepartout y le dijo:

— ¡No puedo celebrar la boda mañana, joven!

— ¿Por qué? ¡Mañana es lunes!

— ¡No, señor, mañana es domingo!

El joven francés casi se desmaya. Difícil de creer, pero mister Fogg se había equivocado en sus cálculos en un día y ¡habían llegado veinte y cuatro horas antes de la fecha límite!

Passepartout regresó a casa como una locomotora, atravesando y atropellando todo lo que se le ponía por delante. Cuando llegó al número 7 de Saville Row, había pasado casi un día desde que habían llegado a la estación principal de Londres. Eran las 20:35 h: faltaban solo diez minutos para que el reloj diera las 20:45 h, plazo máximo en el que su patrón se había comprometido a llegar al Reform Club.

Phileas Fogg solo tuvo tiempo de recoger su sombrero de copa y empujar a misses Alda por los brazos. En el camino, encontraron un taxi de caballos, que estaba siendo reparado por su cochero...

14

A expectativa pela chegada de Mister Fogg no Reform Club e em toda a Inglaterra

É IMPORTANTE REGISTRAR AQUI O QUE SE PASSOU EM TERRAS BRITÂNICAS, sobretudo após a prisão do assaltante do Banco da Inglaterra, em Edimburgo, em 17 de dezembro. Phileas Fogg até então era o principal suspeito, e sua volta ao mundo era considerada uma esperta forma que o cavalheiro havia encontrado para fugir com todo o dinheiro. A partir da detenção do verdadeiro criminoso, todos passaram a acreditar nas suas intenções. A maioria passou a torcer por ele.

Nos jornais, não se falava em outra coisa. Nas ruas de toda a Inglaterra, damas e cavalheiros procuravam ter mais e mais notícias do excêntrico cavalheiro. E seus colegas do Reform Club, então? Passaram os últimos dias inquietos. No dia da prisão do ladrão, fazia setenta e seis dias que Phileas Fogg havia partido para sua volta ao mundo. Todos perguntavam sem cessar: chegaria o nobre inglês ao salão do clube no sábado, 21 de dezembro, às 8h45 da noite?

A expectativa aumentava a cada dia. No entanto, não se tinha mais notícia de mister Fogg. Estaria na Ásia? Na América? Ninguém podia imaginar. A própria polícia sequer sabia do paradeiro do inspetor Fix, que deveria estar no encalço do até então suspeito.

No dia 21 de dezembro, quando Phileas Fogg deveria chegar ao Reform Club, Londres parou. Na Pall Mall, onde se localizava o nobre edifício, e em todas as ruas vizinhas, uma multidão se acotovelava, à espera da chegada de mister Fogg. Seus cinco colegas se encontraram no salão do clube. Os banqueiros John

La expectativa por la llegada de Mister Fogg en el Reform Club y en toda Inglaterra

ES IMPORTANTE CONTAR AQUÍ LO QUE SUCEDIÓ EN TIERRAS BRITÁNICAS, especialmente después de la detención del asaltante del Banco de Inglaterra, en Edimburgo, el 17 de diciembre. Phileas Fogg hasta entonces era el principal sospechoso y su vuelta al mundo se consideraba una forma inteligente que el señor había encontrado para huir con todo el dinero. Desde el arresto del verdadero criminal, todos comenzaron a creer en sus intenciones. La mayoría de ellos empezaron a animarlo.

En los periódicos, no se hablaba de otra cosa. En las calles de toda Inglaterra, damas y caballeros querían tener cada vez más noticias del excéntrico caballero. ¿Imagináis sus colegas del Reform Club? Los últimos días estaban inquietos. El día en que arrestaron al ladrón, se cumplían setenta y seis días en que Phileas Fogg había iniciado su vuelta al mundo. Todos se preguntaban sin cesar: ¿llegaría el noble inglés al salón del club el sábado, 21 de diciembre, a las 20:45 h?

La expectativa aumentaba día a día. Sin embargo, no se recibían más noticias del señor Fogg. ¿Estaría en Asia? ¿En América? Nadie lo sabía. Ni siquiera la policía conocía el paradero del inspector Fix, quién debería estar tras la pista del hasta entonces sospechoso.

El 21 de diciembre, cuando Phileas Fogg debería llegar al Reform Club, Londres se detuvo. En Pall Mall, donde se situaba el noble edificio, y en todas las calles vecinas, una multitud se congregaba a la espera de la llegada de mister Fogg. Sus cinco colegas aguardaban en el salón del club. Los banqueros John Sullivan y

Sullivan e Samuel Fallentin; o engenheiro Andrew Stuart; Gauthier Ralph, administrador do Banco da Inglaterra; e o cervejeiro Thomas Flanagan eram os mais ansiosos do país. O relógio marcava 8h25.

Samuel Fallentin; el ingeniero Andrew Stuart; Gauthier Ralph, administrador del Banco de Inglaterra; y el cervecero Thomas Flanagan eran los que esperaban con mayor ansiedad de todo el país. El reloj marcaba las 20:25 h.

— Senhores, em vinte minutos termina o prazo combinado com mister Fogg — disse Andrew Stuart, erguendo-se.

— Não há notícias dele. Da lista de passageiros do *China* não constava o nome de Phileas Fogg — acrescentou John Sullivan.

— Esse projeto era mesmo maluco. Ele não poderia prever atrasos inevitáveis ao longo do caminho — retomou Thomas Flanagan.

— Tenho certeza de que amanhã receberemos o cheque da nossa aposta. Ele perdeu! — disse Gauthier Ralph.

Em meio à conversa, o relógio do salão avançou até cravar 8h40. Faltavam apenas cinco minutos. Os colegas se olhavam, impacientes. O comportamento reservado de Phileas Fogg vinha à mente de todos. Sua viagem, como sua vida, era cercada de mistérios. Estavam cada vez mais nervosos.

— São 8h43! — disse Thomas Flanagan poucos minutos depois.

Ninguém se mexia no Reform Club. Mas lá fora a multidão se agitava em gritos agudos.

— Agora são 8h44! — disse John Sullivan, respirando pesadamente.

O ponteiro de segundos do relógio do grande salão iniciava sua volta derradeira.

Faltavam cinquenta segundos. Quarenta. Trinta segundos.

Ninguém mais falava uma só palavra. Sequer um suspiro podia se escutar. Todos os olhos estavam fixos na porta, que permanecia fechada.

Vinte. Dez segundos para o badalo das 8h45...

— Señores, en veinte minutos finaliza el plazo estipulado con mister Fogg — dijo Andrew Stuart, levantándose.

— No tenemos noticias suyas. En la lista de pasajeros del *China* no constaba el nombre de Phileas Fogg — añadió John Sullivan.

— Este proyecto era una locura. No se podían prever los atrasos inevitables durante el viaje — señaló Thomas Flanagan.

— Estoy seguro de que mañana recibiremos el cheque de nuestra apuesta ¡Ha perdido! — dijo Gauthier Ralph.

En medio de la conversación, el reloj del pasillo avanzó hasta marcar las 20:40 h. Solo faltaban cinco minutos para el final. Los colegas se miraban, impacientes. Todos tenían en mente el comportamiento reservado de Phileas Fogg. Su viaje, al igual que su vida, estaba rodeado de misterio. El nerviosismo aumentaba.

— ¡Son las 20:43 h! — dijo Thomas Flanagan unos minutos después.

Nadie se movía en el Reform Club. Pero fuera la multitud se agitaba y gritaba con fuerza.

— ¡Ahora son las 20:44 h! — dijo John Sullivan, respirando pesadamente.

La aguja de los segundos del reloj del gran salón comenzó su última vuelta.

Faltaban cincuenta segundos. Cuarenta. Treinta segundos

Nadie decía una sola palabra. No se escuchaba ni siquiera un suspiro. Todos los ojos estaban fijos en la puerta, que permanecía cerrada.

Veinte. Diez segundos para que el badajo marcase las 20:45 h...

15

O único erro de cálculo do metódico Phileas Fogg

FALTANDO CINCO SEGUNDOS, a porta do grande salão se abriu e...

— Aqui estou eu, cavalheiros!

Era Phileas Fogg, seguido pela multidão aos gritos e aplausos.

El único error de cálculo del metódico Phileas Fogg

CUANDO FALTABAN CINCO SEGUNDOS, la puerta del gran salón se abrió y...

— "¡Aquí estoy, caballeros!

Era Phileas Fogg, seguido de la multitud que gritaba y aplaudía.

Ante la sorpresa de sus colegas, añadió:

— ¡Sí, Phileas Fogg en persona!

Mister Fogg había ganado su increíble apuesta. ¡Había conseguido dar la vuelta al mundo en ochenta días!

Diante da surpresa de seus colegas, ele completou:

— Sim, Phileas Fogg em pessoa!

Mister Fogg havia ganhado sua incrível aposta. Ele conseguira dar a volta ao mundo em oitenta dias!

Caro leitor, você agora deve ter ficado surpreso também com esse incrível Phileas Fogg. Afinal, o que teria acontecido? Como ocorreu esse erro de cálculo? Muito simples. Tão simples, que escapou do controle do metódico inglês. Sem se dar conta, mister Fogg ganhara um dia no seu itinerário justamente porque ele dera a volta ao mundo. De fato, ao viajar em direção ao leste da Terra, à frente do sol, os dias encurtavam quatro minutos a cada grau que ele transpunha nessa direção. Ao multiplicar os trezentos e sessenta graus da circunferência do nosso planeta por quatro minutos, o resultado será exatamente vinte e quatro horas, ou seja, um dia!

Explicando de outra forma, enquanto Phileas Fogg, viajando para o leste, viu o sol passar oitenta vezes no meridiano, seus colegas do Reform Club haviam visto setenta e nove. Foi por isso que aquele dia era sábado e não domingo, como acreditava inicialmente o cavalheiro.

Mas, afinal, o que Phileas Fogg ganhou ao fazer essa volta ao mundo? O que ele conquistara ao longo dessa viagem?

Nada, poderiam dizer alguns. Mas nada mesmo? Não podemos esquecer que ele pôde ver como o mundo é rico com tantas culturas diferentes e ainda conquistara uma charmosa mulher, o que fez dele o homem mais feliz do mundo!

Estimado lector, también debes estar sorprendido con esta increíble historia de Phileas Fogg. Después de todo, ¿qué habría pasado? ¿Cómo se produjo ese error de cálculo? Muy sencillo. Tan sencillo que se escapó del control del metódico inglés. Sin darse cuenta, mister Fogg había ganado un día en su itinerario precisamente porque había dado la vuelta al mundo. De hecho, cuando se viaja en dirección al este de la Tierra, por delante del sol, los días se acortan cuatro minutos a cada grado que se atraviesa en esa dirección. Si multiplicamos 360° de la circunferencia de nuestro planeta por cuatro minutos, ¡el resultado es exactamente veinticuatro horas, es decir, un día!

Para decirlo de otra manera, mientras que Phileas Fogg viajaba hacia el este, vio pasar el sol ochenta veces en el meridiano. En cambio, sus colegas del Reform Club lo habían visto setenta y nueve. Esta es la razón por la que aquel día era sábado y no domingo, como creía inicialmente el caballero.

Pero, a fin de cuentas, ¿qué ganó Phileas Fogg al dar la vuelta al mundo? ¿Qué conquistó realmente durante su viaje?

Nada, podrían decir algunos. ¿Pero nada de verdad? No podemos olvidar que pudo apreciar lo rico que es el mundo con sus culturas diferentes e incluso, conquistar a una mujer encantadora, ¡lo que le convirtió en el hombre más feliz del mundo!

JULES VERNE, autor desta obra, nasceu em Nantes, na França, em 1828. Por ser o mais velho entre cinco irmãos, seu pai queria que ele o sucedesse nos negócios. Por isso, estudou Direito na sua cidade natal e depois em Paris. Mas Jules gostava mesmo era do mundo das artes. Com pouco mais de dez anos, carregava sempre consigo um papel e um lápis e não parava de escrever. Foi por meio do teatro, com a ajuda de Alexandre Dumas, que Jules Verne começou a chegar mais perto do público. Não tardou para que o hábil editor Jules Hetzel captasse o grande talento de Verne para a literatura. Seu primeiro romance, *Cinco semanas num balão*, fez o escritor francês iniciar uma trajetória com voos cada vez mais altos. Depois vieram *A volta ao mundo em 80 dias, Vinte mil léguas submarinas, Viagem ao centro da Terra, Da Terra à Lua e A ilha misteriosa.* Foi um dos grandes pioneiros dos romances de ficção científica, numa época de grandes invenções (século XIX), como a eletricidade, o telefone, o barco a vapor e as ferrovias.

BETO JUNQUEYRA, tradutor e adaptador desta obra, cresceu entre as fazendas de Minas Gerais, as vilas do norte de Portugal e os livros de Monteiro Lobato e Jules Verne. Com nove anos, escrevia contos e, após viagens para os quatro cantos do mundo, ganhou muita inspiração. Seu primeiro livro infantojuvenil, *Volta ao mundo falando português*, é inspirado na obra de Verne. Entre seus principais títulos, destacam-se *Deu a louca no mundo, Pintou sujeira!, Ecopiratas em Fernando de Noronha e Quem tem boca vai ao Timor.*

DANILO TANAKA, ilustrador desta obra, nasceu na zona sul de São Paulo e, desde pequeno, é apaixonado por desenhos. Com doze anos, fez seu primeiro curso de desenho e, aos treze anos, ganhou seu primeiro prêmio: "Destaque Especial". Tem vários estilos de traço e pintura. Formado em Publicidade e Propaganda e com MBA em Marketing, ganhou também o Prêmio Design de Embalagem da ABF + RDI Design em 2016-2017.

JULES VERNE, autor de esta obra, nació en Nantes, Francia, en 1828. Como era el mayor de cinco hermanos, su padre quería que continuara con los negocios familiares. Por eso, estudió derecho en su ciudad natal y luego en París. Pero lo que verdaderamente le gustaba a Jules era el mundo de las artes. Con poco más de diez años, siempre llevaba consigo un pedazo de papel y un lápiz y no paraba de escribir. Fue a través del teatro, con la ayuda de Alexandre Dumas, cómo Jules Verne comenzó a ser conocido entre el público. Poco después, el hábil editor Jules Hetzel percibió el gran talento de Verne para la literatura. Su primera novela, *Cinco semanas en globo*, hizo que el escritor francés iniciase una carrera con vuelos cada vez más altos. Luego vinieron *La vuelta al mundo en 80 días, Veinte mil leguas de viaje submarino, Viaje al centro de la Tierra, De la Tierra a la Luna* y *La isla misteriosa.* Fue uno de los grandes pioneros de las novelas de ciencia ficción, en una época de grandes invenciones (siglo XIX), como la electricidad, el teléfono, el barco a vapor y los ferrocarriles.

LOURDES BALLESTEROS MARTÍN, traductora de esta obra, nació en la tierra de Don Quijote y, desde muy pequeña, viajó por La Mancha en busca de aventuras. Después, en Madrid, se formó en Filología Francesa e Hispánica, y en Antropología Social y Cultural, lo que incrementó su pasión por las lenguas románicas y por la diversidad cultural del mundo. Trabajó en la Casa Museo Lope de Vega de Madrid, en una asociación de empresarios, así como en diferentes instituciones educativas hasta llegar a São Paulo, donde dirige un colegio bilingüe y multicultural y es feliz rodeada de niños y jóvenes.

DANILO TANAKA, ilustrador de esta obra, nació en la zona sur de São Paulo y, desde pequeño, le apasiona dibujar. A los doce años, hizo su primer curso de dibujo, y a los trece años, ganó su primer premio: "Destaque especial". Desarrolla varios estilos de pintura. Licenciado en Publicidad y Propaganda y MBA en Marketing, ganó también el Premio Design Packaging de la ABF + RDI Design en 2016-2017.